Non-assistance à peuple en danger

DU MÊME AUTEUR

La Grande Trahison, Flammarion, 2014.
La gauche n'a plus le droit à l'erreur.
Chômage, précarité, crise financière : arrêtez les rustines !,
   avec Michel Rocard, Flammarion, 2013.
*C'est plus grave que ce qu'on vous dit... Mais on peut
   s'en sortir !*, Nova Éditions, 2012.
Pour éviter le krach ultime, préface de Stéphane Hessel,
   Nova Éditions, 2011.
Crise : la solution interdite, Desclée de Brouwer, 2009.
Pour en finir avec Sarkozy, Éditions du Rocher, 2008.
Le Livre noir du libéralisme, Éditions du Rocher, 2007.
*Urgence sociale, changer le pansement ou penser le chan-
   gement ?*, Ramsay, 2006.
La gauche est morte, vive la gauche !, Presses de la Renais-
   sance, 2001.
35 heures : le double piège, Belfond, 1999.
Du temps pour vivre, Flammarion, 1996.
Ça ne peut plus durer, Le Seuil, 1994.

Pierre Larrouturou

Non-assistance à peuple en danger

Fayard

© Librairie Arthème Fayard, 2015.
Couverture : conception graphique © Antoine du Payrat
Photographie : © Bruno Levy
ISBN : 978-2-213-69379-8
Dépôt légal : octobre 2015

« *Les systèmes tiennent souvent plus long-temps qu'on ne le pense, mais ils finissent par s'effondrer beaucoup plus vite qu'on ne l'imagine.* »

Kenneth Rogoff,
ancien chef économiste du FMI,
Le Monde, 1er mars 2012

« *Toutes les défaites se résument en deux mots : trop tard !* »

Général MacArthur

« Papa, tu sais, j'en ai vraiment marre des présidents. Quand ils sont candidats, ils font des beaux discours. Les gens les applaudissent et votent pour eux. Et, ensuite, ils ne font rien. Ils sont totalement nuls. Et si ça continue, Marine Le Pen va être présidente et je ne pourrai plus voir mon copain Rabi. »

C'était l'été dernier, au retour de la plage. David, dix ans, m'aidait à mettre le couvert. Lui qui est d'un naturel guilleret et blagueur devenait soudain sérieux et triste. Rabi ? C'est l'un de ses meilleurs amis. David est blond aux yeux bleus et Rabi noir aux yeux noirs. Un super-copain qui vient presque tous les week-ends à la maison. Ce jour-là, David se dit que, à cause de la nullité de ceux qui sont au pouvoir, sa vie et la vie de ses amis vont être moins belles qu'elles le pourraient. Nettement moins belles.

L'incompétence de nos dirigeants est telle qu'elle parvient à polluer les vacances d'un enfant de dix ans ! J'ai voulu le rassurer. Je lui ai dit qu'on allait tout faire pour que Marine Le Pen ne soit jamais au pouvoir. Mais, en moi-même, je n'étais plus tout à fait certain qu'elle n'y parvienne pas. J'ai imaginé le chaos dans lequel notre pays sombrerait si le programme du FN était mis en œuvre. Je me suis dit qu'il fallait vraiment tout faire pour que cela n'arrive pas. Et que, pour le moment − soyons francs ! −, nous n'étions pas à la hauteur.

La vérité, c'est que notre pays s'enfonce dans une crise bien plus grave que ce que certains imaginaient : 6 millions de chômeurs, 0 % de croissance, les chiffres sont éloquents, n'en déplaise à Michel Sapin, qui refuse de voir la vérité en face et ose se dire « conforté dans ses objectifs » !

La précarité ronge notre société et alimente la montée du FN. La stratégie économique du gouvernement est vouée à l'échec, pourtant il s'obstine à conduire une politique qui nous mène droit dans le mur, à grande vitesse.

Il y a deux ans, Michel Rocard et moi publiions *La gauche n'a plus droit à l'erreur*. RIEN n'a changé depuis. Je suis aussi allé une trentaine de fois à l'Élysée et à Matignon défendre mes analyses et mes solutions, en vain. Nos dirigeants semblent sourds et aveugles. Face au déni de réalité, à l'inertie impardonnable et à la langue de bois permanente, il faut tout faire pour provoquer un sursaut de survie et éviter l'effondrement : dénoncer l'inaction, voir la vérité en face, changer de cap. Nous sommes des millions de citoyens à refuser le chaos qui s'annonce. La France est capable de s'en sortir, elle a tous les atouts nécessaires pour réussir sa métamorphose. Les Français doivent reprendre le contrôle de leur avenir commun.

I

Inertie et langue de bois :
Allons-nous attendre
qu'il soit trop tard pour réagir ?

Mardi 2 juin 2015

Rencontre avec Pierre Meneton, chercheur à l'Institut national pour la santé et la recherche médicale (Inserm). Il a étudié la population française pendant sept ans et arrive à la conclusion que le chômage fait chaque année entre 10 000 et 20 000 morts. Entre 1995 et 2007, il a suivi 6 000 volontaires en recherche d'emploi, âgés de trente-cinq à soixante-quatre ans, pour observer les effets du chômage sur la santé cardiovasculaire et, plus globalement, sur la mortalité des personnes sans emploi. Il a mis en évidence une surmortalité très importante, trois fois supérieure à celle des non-chômeurs ! Les résultats obtenus pour les personnes au chômage diffèrent très nettement des personnes volontairement inactives (hommes et femmes au foyer) ou des retraités, ce qui le conduit à penser que la surmortalité est indiscutablement liée à la condition, subie, de chômeur.

« Les suicides, dont on parle parfois, c'est la partie la plus visible de l'iceberg : 400 ou 500 suicides par an à cause du chômage. Mais il y a au minimum 10 000 morts chaque année directement liées au chômage. Je pense que 14 000 est le chiffre le plus proche de la réalité. Et pour 14 000 personnes qui meurent, combien qui sont touchées par une maladie grave ? »

Pierre Meneton m'explique que ces résultats, déjà sinistres, sont probablement sous-estimés pour deux raisons : il a suivi un échantillon de personnes plus favorisées que la moyenne et, par ailleurs, l'étude, finie en 2007, ne tient pas compte des effets de la crise, qui a vu le nombre de chômeurs augmenter de deux tiers et s'accompagne d'un climat anxiogène.

Ce qu'il dit fait froid dans le dos. Tous les médias ont parlé de son étude, qui confirme des études comparables conduites en Allemagne et aux États-Unis[1]. Tous les médias en ont parlé, mais aucun politique n'a réagi...

---

1. « Aux États-Unis, la surmortalité des chômeurs est encore plus forte, m'explique Pierre Meneton, car les chômeurs souffrent d'un mauvais accès aux soins, alors qu'en France et en Allemagne les études ne montrent pas de difficultés spécifiques dans l'accès aux soins. »

« Le chômage, ce n'est qu'un mauvais moment à passer », affirmait Jean-Christophe Cambadélis, le premier secrétaire du PS, en juin 2014. Il devrait rencontrer des chômeurs. Il devrait lire l'étude de Pierre Meneton.

Lundi 22 juin 2015 :
« Moi, mon action est très souterraine »

Rencontre avec François Hollande à l'Élysée. Il a accepté de recevoir une délégation des signataires de l'appel « La place de la France est aux côtés du peuple grec[1] ». Nous entrons dans une semaine cruciale pour l'avenir de la Grèce et de l'Europe tout entière. Le soir même, il sera à Bruxelles avec Merkel, Junker, Tsípras et tous les autres chefs d'État et de gouvernement pour essayer de trouver un accord sur le financement de la dette.

Le président nous reçoit dans le petit salon qui jouxte son bureau. Il nous informe de l'état des négociations. Il est assez optimiste sur la possibilité d'arriver à un accord qui éviterait la sortie de la Grèce. Éviter l'explosion de la zone euro, c'est la priorité, évidemment, mais va-t-on continuer d'imposer l'austérité aux Grecs ? Va-t-on encore

---

1. Appel publié dans *Libération* le 18 juin 2015.

signer un accord qui ne règle rien et aggrave la crise, comme les deux accords précédents ?

Je donne à François Hollande une copie de l'article que Michel Rocard et moi avons publié en janvier 2012[1]. Dans cette tribune, nous montrions qu'il est possible de financer la dette publique à 0,1 % sans même avoir besoin de modifier les traités. C'était possible en 2012 et c'est plus facile encore en juin 2015, puisque la Banque centrale européenne (BCE) vient d'annoncer qu'elle va créer 1 200 milliards d'euros.

Le sujet est quasiment tabou, mais c'est colossal : plus de 1 000 milliards vont être créés ex nihilo d'ici fin 2016, que la BCE prévoit de mettre à disposition des banques dans l'espoir qu'elles utiliseront ces liquidités pour financer l'économie et éviter à l'Europe de tomber en déflation. Si la BCE crée 1 200 milliards en quelques mois, qui peut croire que, en faisant montre de bonne volonté et d'un peu d'imagination, on ne peut pas trouver 80 milliards – sur trois ans ! – pour aider la Grèce sans mettre les peuples à contribution ?

De même, si on se décidait enfin à créer une taxe Tobin, même à un faible niveau (0,1 %), elle rapporterait chaque année au moins 80 milliards,

---

1. Voir Michel Rocard et Pierre Larrouturou, « Pourquoi faut-il que les États payent 600 fois plus cher que les banques ? », *Le Monde*, 5 janvier 2012.

qui alimenteraient une caisse de solidarité[1]. C'est une bonne nouvelle : on peut être solidaire de la Grèce sans que cela coûte un euro aux salariés ou aux retraités allemands, français ou espagnols. Reste seulement à faire preuve d'un peu de courage politique.

J'insiste auprès du président sur le travail de pédagogie qu'il doit accomplir pour rassurer le peuple allemand : « On m'a raconté un entretien entre Merkel et Obama lors d'un récent G20 : Obama disait à Merkel que trop de rigueur allait faire retomber la zone euro et toute l'économie mondiale dans la crise. Le président américain exhortait la chancelière allemande à accepter un changement de politique. Le ton était monté ; Obama insistait assez lourdement sur la nécessité d'un changement rapide, mais Merkel semblait tétanisée et répétait : "Mon peuple ne comprendrait pas. Mon peuple ne comprendrait pas." »

Je relate cet épisode à François Hollande et dis que c'est à lui d'expliquer les solutions possibles à l'opinion publique allemande :

---

1. C'est tout à fait possible : malgré l'hostilité de la Grande-Bretagne, 11 pays ont formellement lancé une coopération renforcée sur ce sujet, mais les lobbies bancaires bloquent la négociation et tous les observateurs disent, hélas, que le gouvernement français ne fait rien pour contrer l'action de ces lobbies. Au contraire.

« Si Merkel ne bouge pas sur la Grèce par peur des réactions du peuple allemand, c'est à toi d'expliquer devant tous les médias présents à Bruxelles que tu comprends les inquiétudes des contribuables allemands (ils ont payé la réunification et, avec les réformes Hartz, ils ont tous perdu nettement du pouvoir d'achat), mais qu'ils peuvent être rassurés : ils ne seront pas mis à contribution. Il faut certes comprendre les inquiétudes des salariés et des retraités allemands, mais même le FMI admet maintenant qu'aucun accord n'est viable et utile pour la Grèce si on ne rééchelonne pas la dette. Le peuple a souffert le martyre depuis des années. Grâce à ses efforts, on est passé d'un déficit de 12 % du PIB à un léger excédent. Maintenant, il faut mettre fin aux souffrances des Grecs.

« En 1953, quand l'Allemagne n'était pas capable de payer sa dette, l'ensemble des créanciers ont accepté d'effacer 62 % de cette dette[1], mais personne n'a dit que l'Allemagne devait quitter l'Europe et aucun contribuable français n'a vu ses impôts augmenter : la comptabilité des États, ce n'est pas la comptabilité des familles. Tout ça, tu

---

1. L'Allemagne a aussi bénéficié d'un moratoire de cinq ans pendant lequel elle ne payait aucun intérêt et d'une période de trente ans pour le remboursement, étant entendu que les remboursements pouvaient être interrompus s'ils représentaient plus de 5 % des recettes d'exportations.

dois en faire un objet de débat public. Tu dois l'expliquer au plus grand nombre[1]. Il faut élargir les contraintes, sinon ce sera encore un accord qui ne réglera rien. »

François Hollande m'écoute, puis répond : « Non, Pierre. C'est à vous[2] de faire ce travail d'explication. Moi, mon action est très souterraine. »

Une action « très souterraine », alors que l'Europe est à deux doigts du K-O ? Une action « très souterraine », alors que des milliers de Grecs souffrent dans leur peau de la pauvreté ou de l'absence de médicaments ? Une action « très souterraine », alors que dans tous nos pays les souverainistes se déchaînent et que les citoyens pro-européens sont totalement désespérés par l'incapacité de leurs « élites » à inventer du neuf ? Je suis décontenancé par sa réponse et ne sais pas quoi lui répliquer.

Quel risque prendrait-il en expliquant à voix haute qu'il y a des solutions applicables immédiatement et sans douleur (quitte à en discuter d'abord avec Angela Merkel) ? Pierre Mendès France parlait toutes les semaines aux citoyens pour clarifier sa politique. Roosevelt aussi. Si

---

1. Voir l'appel « Nous sommes tous des Grecs allemands ! » signé par Michel Rocard, Philippe Maystadt, Miguel Ángel Moratinos et Pierre Larrouturou dans *Le Monde* du 21 juillet 2015.
2. Nous étions sept signataires à être reçus ensemble à l'Élysée ce matin-là.

Merkel a peur de son peuple et si, par ignorance ou par malveillance, certains médias répètent en boucle que « l'Allemagne a déjà assez payé », à quoi pourrait donc servir une action « très souterraine » ?

Quelques minutes plus tard, je reprends la parole. Je ne lâche pas l'affaire. Au-delà des solutions d'urgence à mettre en place pour éviter l'explosion de la zone euro, je suggère au président de proposer aux chefs d'État européens d'utiliser les 1 200 milliards que va créer la BCE pour financer un grand plan d'économie d'énergie : toutes les études montrent que le dérèglement climatique est en train de s'aggraver, mais personne ne sait comment financer le gigantesque chantier qu'il faut conduire pour isoler nos bâtiments publics et privés. Au lieu de distribuer les 1 200 milliards aux banques (avec le risque évident qu'ils alimentent la spéculation et préparent une crise plus grave que celle de 2008), Nouvelle Donne propose que cette somme soit affectée à un vaste plan Énergie-Climat.

Chaque État membre pourrait emprunter 2 % de son PIB chaque année à taux 0 pour financer des travaux d'isolation et pour développer les énergies renouvelables. La France, par exemple, aurait chaque année 40 milliards d'euros à taux 0.

L'Allemagne, 58 milliards. La Grèce disposerait quant à elle de 4 ou 5 milliards... Pendant vingt ans, nous aurions un financement solide pour combattre le dérèglement climatique et sortir de notre dépendance au gaz russe et au pétrole arabe. Un financement massif et stable sur deux décennies, cela permettrait d'embaucher des gens et de les former, d'organiser des filières fiables sur tous les territoires. Cela permettrait à chacun de nous de faire des économies sur ses dépenses de chauffage, et une étude du CNRS estime qu'un tel chantier pourrait créer 300 000 emplois dans notre pays[1].

J'enfonce encore un peu le clou :

« La France va bientôt accueillir la COP21. On sait très bien que, pour sauver le climat, LA question clef, LE point fondamental, c'est le financement. Vu les montants nécessaires, le financement par une très hypothétique écotaxe est totalement insuffisant. Par contre, mettre 1 200 milliards sur la table, ça change tout. Ça aurait de l'allure que tu mettes très vite ce projet dans la négociation. Merkel a les mêmes problèmes que nous pour financer la transition énergétique. Elle devrait être d'accord.

---

1. Cf. Jean Jouzel et Pierre Larrouturou, « 1 000 milliards pour le climat, pas pour les banques », *Ouest-France*, 20 juin 2015. Jean Jouzel est climatologue et prix Nobel de la paix en tant que vice-président du Groupe intergouvernemental d'experts sur le climat (GIEC).

« Philippe Maystadt en a parlé à Berlin avec Hans Tietmeyer[1] : il pense qu'on peut assez facilement convaincre les Allemands d'adopter ce projet. C'est le moment de lancer la négociation, car, pour sortir l'Europe de la crise et rassembler les peuples, on a besoin d'un projet fort et lisible, qui profite à tous : Français, Allemands, Polonais ou Grecs, nous sommes tous concernés par le dérèglement climatique et tout le monde peut comprendre qu'il vaut mieux utiliser les 1 200 milliards pour financer l'économie réelle et créer des emplois plutôt que pour alimenter la spéculation. »

Silence du président.

Il ouvre les yeux comme s'il découvrait l'idée. Je sais pourtant que Nicolas Hulot lui en a déjà parlé à une ou deux reprises. En principe, il devrait s'en saisir et la défendre avec vigueur au niveau européen : alors que l'Europe n'arrive pas à faire redémarrer son activité et que sa cote de popularité personnelle est tombée à un niveau catastrophique à cause de la flambée du chômage, il devrait se faire le héraut d'un projet qui ne

---

1. Philippe Maystadt est le président d'honneur de la Banque européenne d'investissement (BEI). Il a été pendant dix ans ministre des Finances de la Belgique et pendant douze ans président de la BEI. Il est souvent classé au centre droit de l'échiquier politique. Hans Tietmeyer a été ministre des Finances de l'Allemagne de 1982 à 1989, puis président du Parlement de 1993 à 1999.

coûte rien, mais peut créer, en France, plus de 300 000 emplois.

Tous les mois, François Hollande explique que le climat est une question « fondamentale », « cruciale », « vitale »... Tous les trois mois, il lance un « appel solennel » pour la réussite du sommet sur le climat de décembre. Mais quand on lui propose, clef en main, une solution efficace et indolore pour régler le redoutable problème du financement de la transition énergétique en Europe, il semble totalement indifférent.

À l'issue de notre rencontre, en lui serrant la main, je lui glisse encore deux mots du plan européen Climat-Énergie-Pouvoir d'achat. Aucune réaction...

« Il faudrait qu'il passe à l'action »

En quittant l'Élysée, je me souviens de Jean-Marc Ayrault qui, en mai 2013, me disait qu'il n'en pouvait plus de l'inertie de François Hollande sur les questions européennes : « Tu sais, j'ai dû me battre pour qu'il parle de l'Europe dans sa conférence de presse. Mais il ne suffit pas d'en parler. Il faudrait qu'il passe à l'action. »

Comment expliquer cette inertie ? Le 15 mai 2012, le jour de sa prise de fonctions, François

Hollande avait décidé d'aller à Berlin. Malgré la foudre et l'orage, il ne s'était pas laissé dérouter. Devant les dirigeants allemands qui l'accueillaient, il affirmait avec solennité qu'il fallait changer l'Europe et que, pour y parvenir, il fallait « tout mettre sur la table ».

Enfin ! Quel beau début de mandat ! Nous étions nombreux à applaudir : on allait enfin parler de l'Europe sociale. On allait enfin lutter contre le dumping fiscal et social. On allait enfin parler d'une Europe politique, d'une diplomatie et d'une défense européennes... Tout ce que le PS promettait dans ses discours de campagne tous les cinq ans, au moment des élections européennes, allait enfin être mis au cœur des négociations et devenir réalité.

Hélas, trois ans après, François Hollande n'a mis aucun de ces sujets à l'ordre du jour. AUCUN ! Comment gagner une bataille si on renonce à la mener ? Comment obtenir un traité de l'Europe sociale si, à aucun moment, on n'en parle avec les autres chefs d'État et de gouvernement ?

Il y a trente ans, une femme seule réussit à changer profondément le cours de l'Histoire : « *I want my money back !* » (Rendez-moi mon argent !) À tous les sommets européens, Margaret Thatcher arrivait avec les mêmes demandes bruyamment martelées : « *I want my money back !* » Tant qu'elle n'avait pas gagné la partie, elle refusait d'évoquer d'autres sujets. Son action n'était pas du tout « souterraine », mais elle a obtenu ce qu'elle voulait : le rabais britannique et, au-delà, un changement de cap de l'ensemble des politiques européennes. L'Europe, qui était un espace de régulation et de progrès social, est devenue un espace de concurrence de plus en plus dérégulé.

Si une femme seule – ou presque – a réussi à changer le cours de l'Europe en provoquant ce qu'on a appelé la « révolution libérale », pourquoi ne serait-il pas possible de provoquer une contre-révolution et de remettre d'aplomb ce que trente ans de dérégulation ont mis sens dessus dessous ?

En 2007-2008, tout le monde affirmait qu'on vivait une crise comparable à celle de 1929 et qu'il était crucial de construire de nouvelles régulations. Quand François Hollande arrive au pouvoir en 2012, le terrain est prêt : Krugman, Stiglitz et d'autres ont fait mûrir les esprits. Après avoir courbé l'échine pendant trente ans devant les néo-libéraux, il est temps pour les sociaux-démocrates de relever la tête. C'est eux, en principe, qui ont les solutions pour réguler la finance, le marché du travail et le commerce mondial…

La crise et le besoin de justice exprimé par tous les peuples sont tels que même des leaders conservateurs changent leur fusil d'épaule. Il est faux de dire que « les Allemands ne veulent pas de convergence sociale » : en mai 2005, après la victoire du « NON » au référendum sur la constitution européenne en France, le porte-parole de la CDU (parti conservateur et libéral des chrétiens-démocrates), Peter Altmaier, affirmait déjà publiquement : « Si les Allemands se prononçaient par référendum, je suis sûr que, eux aussi, ils voteraient "NON". Il faudrait que le modèle social soit clarifié. »

En mars 2007, à l'occasion des cinquante ans du traité de Rome, Angela Merkel réunissait à Berlin tous les chefs d'État européens et rappelait devant eux sa volonté d'ajouter un « protocole social » à la Constitution européenne. Hélas, la France élut Nicolas Sarkozy, et le nouveau président s'employa à clore au plus vite le dossier européen. Alors que tous nos partenaires européens auraient préféré se donner le temps de la réflexion et pensaient ne boucler la négociation d'un nouveau traité qu'en 2009, alors que certains avançaient qu'il fallait déclencher « une crise clarificatrice avec les Anglais », Nicolas Sarkozy exigea de conclure la négociation immédiatement, avec un traité acceptable par Londres, et donc sans protocole social.

En 2013, c'est encore l'Allemagne qui tape du poing sur la table et réclame qu'on lance une coopération renforcée pour taxer les transactions financières malgré l'hostilité anglaise. En avril 2014, le Bundestag vote une loi créant un salaire minimum, une idée que le chancelier Gerhard Schröder, pourtant social-démocrate, refusait absolument en 2003.

Sur ces deux questions, la taxe Tobin et le SMIC, les dirigeants allemands ont su évoluer. Il en est de même pour la création monétaire : beaucoup croyaient que les Allemands allaient hurler au loup si la BCE faisait tourner la planche à billets. Ce n'est pas le cas. Pourquoi François Hollande ne s'est-il pas appuyé sur ces évolutions pour les amplifier et gagner d'autres combats fondamentaux ? Pourquoi n'a-t-il mis aucune idée neuve sur la table des négociations depuis trois ans ?

Pourquoi n'avoir rien fait pour lutter contre le dumping fiscal européen ? Depuis que l'Irlande a rejoint l'Union européenne, tous nos pays sont entraînés dans un mouvement de baisse des impôts sur les sociétés. Ce n'est pas sans conséquences.

« J'en parle au président et on se voit dimanche »

En quelques années, le taux moyen d'impôt sur les bénéfices est tombé à 25 % en moyenne en Europe, contre 40 % aux États-Unis.

Taux moyen de l'impôt sur les bénéfices en Zone Euro

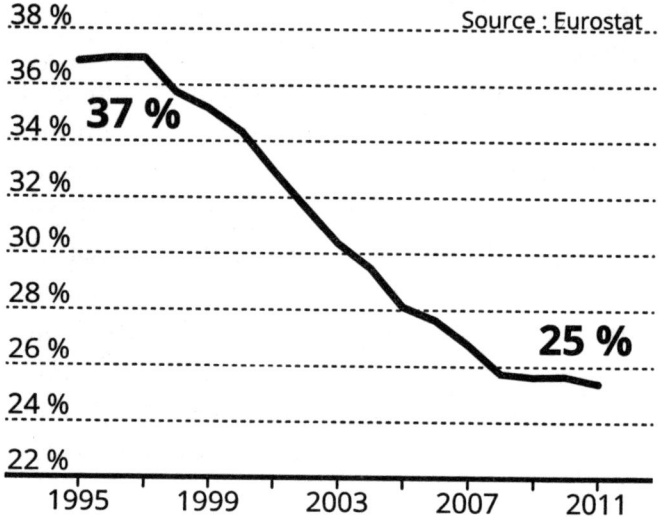

Oui. Vous avez bien lu ! C'est le monde à l'envers : le taux d'impôt sur les bénéfices est nettement plus élevé aux États-Unis qu'en Europe. Pourquoi ?

Quand Roosevelt est arrivé au pouvoir en 1933, les caisses étaient vides, car le pays avait été entraîné depuis quelques années dans une spirale de dumping semblable à celle que connaît aujourd'hui l'Europe : le Texas a baissé son impôt pour attirer les entreprises. Puis la Floride a baissé son impôt. Puis l'Arkansas et l'Ohio... Les entreprises font du tourisme fiscal et vont là où l'impôt est le plus faible.

Roosevelt arrive à la Maison-Blanche et, en quelques semaines, il décide de créer un impôt fédéral sur les bénéfices : qu'elles soient en Floride, au Texas ou ailleurs, les entreprises paieront 40 % d'impôt sur les bénéfices.

Les actionnaires sont furieux. Absolument furieux ! Ils affirment que Roosevelt va ruiner les États-Unis ; leurs slogans sont repris en boucle par tous les médias qu'ils contrôlent. La bataille fait rage, mais Roosevelt tient bon. Le peuple est avec lui, car, toutes les semaines ou presque, il explique le bien-fondé de sa politique par des interventions radio au ton simple et fraternel.

Au lieu de mettre en œuvre des politiques d'austérité, au lieu d'être « pragmatique » et de vouloir « rassurer les marchés », Roosevelt décide d'imposer une nouvelle donne : il crée un impôt fédéral qui va lui permettre de financer une partie du New Deal et que nul n'a remis en cause jusqu'à aujourd'hui.

Pour lutter contre le dumping fiscal européen, François Hollande ferait bien de s'inspirer de l'action du président Roosevelt. Les salariés et les retraités allemands ne sont pas plus bêtes que nous : ils voient les salaires et les retraites bloqués depuis des années. Ils voient les coupes budgétaires qui abîment l'hôpital public. Ils voient les conséquences de plus en plus néfastes du déficit d'investissement public[1]. Si on s'en donne les moyens, ils peuvent être nos alliés dans la négociation.

Cela fait des années que nous sommes quelques-uns à demander la création d'un impôt européen sur les bénéfices[2]. Chaque fois que nous montrons cette courbe à des dirigeants politiques et que nous rappelons que cet impôt est nettement plus élevé aux États-Unis, tous approuvent notre analyse.

Je me souviens d'une rencontre à l'Élysée avec Emmanuel Macron et Matthieu Peyraud, le conseiller G8-G20 du président, en juin 2012 : ils m'expliquaient que la création d'un impôt européen sur les bénéfices était une idée facile

---

1. Le patronat allemand réclame depuis plus d'un an une forte hausse de l'investissement public : par défaut d'investissement, des dizaines de ponts n'ont pas été entretenus depuis une décennie et sont maintenant interdits aux camions, ce qui complique fortement l'activité économique dans certaines régions.

2. Cf. Michel Rocard et Pierre Larrouturou, « Pour un impôt européen », *Libération*, 28 octobre 2011. Cf. aussi « Pour un impôt européen en faveur de la recherche », Alain Trautmann (Sauvons la recherche), Alain Rousset (président des Régions de France), Claudy Lebreton (président des Départements de France), Vanik Berberian (président des Maires ruraux de France), Michel Rocard et Pierre Larrouturou dans *Le Monde*, 23 mars 2005. Cf. enfin Thomas Piketty et Pierre Rosanvallon, « Manifeste pour une union politique de l'euro », *Le Monde*, 16 février 2014.

à comprendre et facile à défendre : « Ça correspond à la vision allemande d'une Europe fédérale. Au total, le taux d'impôt sur les bénéfices serait équivalent des deux côtés de l'Atlantique. » « Je peux garder la courbe ? On en parle au président et on se revoit dimanche ? », demandait Emmanuel Macron quand nous quittions son bureau.

Si le budget européen (politique agricole, fonds structurels...) était financé par un impôt européen sur les bénéfices et non par les contributions des États membres, la France économiserait chaque année 20 milliards d'euros[1]. Ces 20 milliards pourraient être utilisés pour diminuer notre déficit, investir, financer l'éducation, les retraites ou encore une vraie réforme fiscale en France. Si l'on créait un impôt européen, chaque pays gagnerait de façon pérenne 1 % du PIB. Les seuls qui y perdraient seraient les actionnaires, mais on pourrait calmer leur colère en faisant valoir que le taux global de taxation reviendrait à ce qu'il était il y a trente ans en Europe (et les actionnaires

---

1. Actuellement, l'Europe ne dispose d'aucune ressource propre : le budget européen est financé par les États membres qui « donnent à Bruxelles » chaque année 1 % de leur PIB. La France va donner cette année 21 milliards. Évidemment, il y a des « retours » vers notre pays, mais, si l'on finançait le budget par un impôt européen sur les bénéfices, on garderait les retours sans avoir la dépense initiale...

vivaient très confortablement il y a trente ans) et ne dépasserait pas le taux américain.

« J'en parle au président et on se revoit dimanche », disait Macron en juin 2012. Trois ans plus tard, rien n'a changé. Ou en pire : dans son discours d'investiture, en avril 2014, Manuel Valls expliquait qu'il fallait baisser l'impôt sur les bénéfices pour converger vers les autres pays européens...

C'est un non-sens total ! Jamais il n'y a eu autant de bénéfices. La France est championne d'Europe des dividendes[1], mais Manuel Valls veut encore réduire l'impôt sur les bénéfices, tout en expliquant qu'il n'y a pas d'argent pour les retraites, la recherche ou les hôpitaux (11 000 suppressions de postes prévues en deux ans) !

S'il voulait « tout mettre sur la table », qu'est-ce qui empêchait François Hollande de demander la création d'un impôt européen sur les bénéfices ? Qu'est-ce qui l'empêchait d'en parler avec tous les dirigeants européens, mais aussi et surtout avec les syndicats de retraités allemands, avec les syndicats d'infirmières et les syndicats des services publics

---

1. « Le CAC 40 a versé 56 milliards à ses actionnaires l'an dernier, soit une augmentation de 30 % en un an, annonce à la une le quotidien *Les Échos* du 9 février 2015. La France se distingue clairement puisqu'elle est le plus important pays de la zone euro pour les rémunérations des actionnaires. »

qui se battent à Berlin, Francfort et Ravensburg contre l'austérité ?

Sauver l'Europe sociale

Aux dernières élections législatives, en 2013, la CDU n'a réuni que 41,5 % des voix et l'abstention représentait presque 30 % des inscrits[1]. Il est donc faux de penser que tous les Allemands sont d'accord avec la politique du parti conservateur. Ayant réuni un peu moins de 42 % des suffrages exprimés et moins de 30 % des inscrits, Angela Merkel a dû former un gouvernement de coalition avec les sociaux-démocrates. N'est-ce pas le bon moment pour lancer une négociation européenne avec des objectifs ambitieux afin de lutter contre le dumping fiscal et de négocier une convergence sociale ?

Si on continue à monter les peuples les uns contre les autres, si on continue à faire croire que ce sont les contribuables allemands qui doivent payer pour la Grèce, l'Europe est condamnée. Et si l'Europe implose, nous n'aurons aucun moyen de protéger notre modèle social. Si l'Europe

---

1. Les socialistes du SPD ont recueilli 26 % des suffrages. La Gauche (Die Linke), 8,6 %. Les Verts, 8,4 %. Les libéraux du FDP, 4,8 %. Et le parti anti-européen AfD, 4,7 %.

35

implose, il n'y aura jamais d'Europe politique. Les États-Unis, la Chine et la Russie seront les seules grandes puissances : bienvenue dans un monde de fraternité et de coopération !

Nous ne pouvons pas laisser mourir l'Europe. Il faut, de toute urgence, la réveiller. Redémarrer, reconstruire, changer de direction. Non pas à 28, mais avec neuf ou dix pays, qui partagent la même ambition.

Pour sortir l'Europe du fossé, il n'est pas possible de s'en tenir à une action « très souterraine ». Il est fondamental de fixer un cap. Parler à voix haute et intelligible. Expliquer de façon simple que nous sommes ensemble – salariés, retraités, paysans et artisans français ; salariés, retraités, paysans et artisans allemands et grecs – pour lutter contre les paradis fiscaux. Ensemble pour obtenir un traité de convergence sociale. Ensemble pour lutter contre le dumping fiscal et contre les lobbies qui en tirent profit. Ensemble pour sauver le climat et y consacrer les 1 200 milliards d'euros que Mario Draghi pensait donner aux banques...

À chaque élection européenne, les socialistes nous disent qu'ils vont « se battre pour l'Europe sociale ». On ne leur demande pas de « se battre » avec quiconque, mais simplement d'avoir le courage politique d'aborder toutes ces questions et de se donner les moyens de convaincre ceux que trente années de lavage de cerveau néolibéral ont fini par persuader que le progrès social n'était plus possible.

Soyons clairs : il ne s'agit pas ici de défendre *mordicus* les positions du gouvernement allemand dans son affrontement avec le gouvernement grec. L'intransigeance des négociateurs allemands était totalement choquante. Ils semblaient avoir oublié les valeurs fondamentales de solidarité et d'humanité qui sont au fondement du projet européen.

Contrairement à ce qu'on pense parfois en France, beaucoup de voix se sont élevées en Allemagne pour critiquer l'intransigeance d'Angela Merkel et du Dr Schaüble : « Schaüble est le visage de l'Allemagne sans cœur », titrait *Die Welt*. « Merkel a réussi à raviver l'image d'une Allemagne laide, avare et au cœur sec », regrettait la *Süddeutsche Zeitung* après l'accord du 12 juillet, qui impose de nouvelles mesures d'austérité drastiques et prévoit *de facto* une mise sous tutelle de la Grèce. « En un week-end, le gouvernement allemand a détruit plusieurs décennies de diplomatie », s'inquiétait *Der Spiegel*, qui déplorait « un catalogue d'horreurs destiné à humilier la Grèce ». *Die Zeit* expliquait à ses lecteurs pourquoi cet accord allait forcément échouer. Sa rédaction dénonçait un énième lot de réformes infligé à la Grèce alors que le pays souffrait déjà d'une économie écrasée par l'austérité : « Ces nouvelles coupes budgétaires vont pousser l'économie encore un peu plus vers l'effondrement. » L'intransigeance des négociateurs allemands est effectivement choquante. Mais il y a eu des erreurs des deux côtés : arriver aux premières réunions sans aucune proposition concrète et parler des dettes nazies n'était vraiment pas très habile de la part des premiers négociateurs grecs...

Sans doute y a-t-il eu de la fatigue et de l'énervement. Sans doute y a-t-il eu aussi, de la part de beaucoup de gouvernements, la volonté de « planter Tsípras » pour montrer qu'aucune alternative un peu trop éloignée des dogmes néolibéraux n'était crédible : « C'est un négociateur espagnol qui a lancé la rumeur selon laquelle les banques grecques pourraient peut-être ne pas rouvrir lundi, explique le correspondant à Bruxelles d'une télévision française. Son but était de provoquer la panique des déposants et une sortie massive de leur épargne. Le Premier ministre espagnol, Mariano Rajoy, est un vrai conservateur. Il veut l'échec de Tsípras pour casser la crédibilité de Podemos. »

Oui, il y a eu tout cela. Oui, le dossier est compliqué et les héros sont fatigués : cela fait vingt-cinq ans, depuis la chute du Mur, qu'on parle de doter l'Europe de nouvelles institutions, plus efficaces et plus démocratiques. Cela fait huit ans que la crise financière a éclaté et que nos dirigeants sont incapables de mettre en œuvre une vraie stratégie de sortie de crise, et qu'ils s'épuisent, de sommet de crise en sommet de la dernière chance, à mettre des rustines qui ne tiennent que quelques mois.

C'est une évidence : l'accord signé le 12 juillet ne réglera aucun problème. Raison de plus pour reprendre immédiatement une négociation et, enfin, « tout mettre sur la table ».

« La France se grandit toujours quand elle est à l'initiative de l'Europe »

Conscient du malaise, François Hollande « l'Européen » est à la une du *Journal du Dimanche* le 19 juillet. Il publie une belle et longue tribune sur l'Europe, sous la forme d'un hommage à Jacques Delors à l'occasion de l'anniversaire de l'ancien président de la Commission :

François Hollande : « Ce qui nous menace, ce n'est pas l'excès d'Europe, mais son insuffisance »

En 1985, quand Jacques Delors accède à la présidence de la Commission européenne, l'Europe sort de la première récession de l'après-guerre. Elle est bloquée par les égoïsmes nationaux. Empêtrée par les conflits budgétaires et commerciaux. Jacques Delors sut lui redonner un souffle, une vision, un projet.

Car l'Europe ne peut avancer que si elle porte l'idée d'un dépassement. Aucune nation ne peut concevoir d'abandonner une part de sa souveraineté si elle n'a pas la certitude qu'elle sortira plus forte de ce processus. Jacques Delors a l'intuition que, pour sortir de la crise, l'Europe doit définir un nouvel horizon susceptible de faire naître un espoir, car il sait que l'idée européenne s'épuise quand elle ne se traduit plus en actes.

L'Union ne peut se réduire à des règles, des mécanismes ou des disciplines. Elle doit convaincre les peuples que, si elle a été capable de préserver la paix, elle est aujourd'hui la meilleure invention pour protéger les valeurs et les principes qui fondent notre culture commune, ce que l'on appelle notre mode de vie et qui est aussi notre modèle social.

Jacques Delors, qui dit souvent que nul n'est jamais tombé amoureux d'un taux de croissance, d'un marché ou d'un cours d'une monnaie, a, tout le temps de sa présidence de la Commission, voulu que l'Europe puisse être celle des citoyens. C'était son projet de Charte sociale européenne, et ce fut aussi le sens du programme Erasmus pour les jeunes. Convenons que c'est là que le bât a blessé depuis vingt ans !

L'Europe a laissé ses institutions s'affaiblir et les 28 gouvernements peinent à s'accorder pour aller de l'avant. Les Parlements restent trop loin des décisions. Et les peuples se détournent à force d'être contournés.

Les populistes se sont emparés de ce désenchantement et s'en prennent à l'Europe parce qu'ils ont peur du monde, parce qu'ils veulent revenir aux divisions, aux murs, aux grillages. Or c'est le droit qui protège, et la fédération des États-nations qui donne du poids, pas le désordre et le repli sur soi.

La qualité de la relation franco-allemande y a été pour beaucoup. L'esprit européen a prévalu. Mais nous ne pouvons en rester là. J'ai proposé de reprendre l'idée de Jacques Delors du gouvernement de la zone euro et d'y ajouter un budget spécifique ainsi qu'un Parlement pour en assurer le contrôle démocratique.

Partager une monnaie, c'est bien plus que vouloir une convergence. C'est un choix que 19 pays ont fait parce que c'était leur intérêt. Nul gouvernement d'ailleurs depuis quinze ans n'a pris la responsabilité d'en sortir. Ce choix appelle une organisation renforcée et, avec les pays qui en décideront, une avant-garde. La France y est prête parce que, comme Jacques Delors nous l'a montré, elle se grandit toujours quand elle est à l'initiative de l'Europe.

François Hollande,
Le Journal du Dimanche, 19 juillet 2015

Texte intéressant. Commenté par tous les médias. Mais deux mois plus tard, alors que ce livre part à l'imprimerie, François Hollande n'a toujours proposé aucune initiative concrète pour améliorer l'accord avec la Grèce et sortir l'Europe du fossé. Aucune !

Le 19 juillet, il rappelait : « En 1985, alors que l'Europe sortait de récession, bloquée par les égoïsmes nationaux et empêtrée par les conflits budgétaires, Jacques Delors avait su lui redonner un souffle, une vision, un projet. » La situation n'est-elle pas aujourd'hui comparable – en pire – à celle de 1985 ? Qu'attend le président français pour proposer « un souffle, une vision, un projet » ?

« L'Europe doit définir un nouvel horizon susceptible de faire naître un espoir, ajoute François Hollande. L'idée européenne s'épuise quand elle ne se traduit plus en actes. [...] La France se grandit toujours quand elle est à l'initiative de l'Europe. »

Tout cela est très bien écrit. C'est beau comme du Jacques Julliard. Mais quelqu'un peut-il dire à François Hollande qu'il n'est pas éditorialiste dans la presse écrite, mais qu'il a été élu président de la République ? À sa demande.

Faire l'éloge de ceux qui étaient aux manettes il y a trente ans est sans doute utile, mais on attend surtout de lui qu'il suive leur exemple et prenne rapidement des initiatives fortes.

Quand le mur de Berlin est tombé, il a suffi d'un mois à Helmut Kohl et à François Mitterrand pour convaincre leurs partenaires que c'était le moment de lancer la monnaie unique. En trente jours, pas un de plus, cette décision historique était actée et rendue publique.

De même, trente ans plus tôt, le 8 mai 1954, quand Konrad Adenauer, le chancelier allemand, a fait approuver le projet d'Union charbon-acier par son gouvernement (le débat et le vote ont duré moins de deux heures), Schuman a fait approuver à son tour cette nouveauté historique par le Conseil des ministres en moins d'une heure ; il a sauté son repas pour organiser immédiatement la réunion des ambassadeurs concernés et, dans la foulée, la conférence de presse qui allait rendre la décision irrévocable : « Si j'avais attendu le lendemain, les communistes et les gaullistes auraient fait capoter l'initiative. Il fallait agir au plus vite », explique-t-il à ses proches.

On ne demande pas à François Hollande de sauter un repas comme Schuman en 1954. On ne lui demande pas forcément d'accoucher d'un changement historique en un mois, comme Kohl et Mitterrand en 1989, mais qu'a-t-il fait depuis trois ans ?

L'ensemble du gouvernement souffre de la même inertie : quand Stéphane Le Foll, ministre de l'Agriculture, explique aux paysans qu'il savait depuis 2008 que le prix du lait allait s'effondrer et que, en 2008, il a voté contre la fin des quotas laitiers, il a raison. Il pourrait même rappeler que c'est Nicolas Sarkozy, président de la République, et Bruno Le Maire, secrétaire d'État aux Affaires européennes puis ministre de l'Agriculture, qui ont accepté la fin des quotas : si la France s'y était opposée, ce système, qui avait besoin d'être modernisé mais qui, globalement, assurait des revenus décents à tous les producteurs de lait, sans avoir besoin de les subventionner, n'aurait pas été détruit.

Oui, Stéphane Le Foll a raison de rappeler qu'une des causes majeures de la crise actuelle est la décision prise en 2008 et, vu la gravité de la situation et le désespoir de milliers de paysans, il a raison aussi de ne pas polémiquer avec ceux qui étaient au pouvoir à l'époque. Mais, s'il sait depuis sept ans qu'on court à la catastrophe, pourquoi n'a-t-il rien tenté depuis qu'il est ministre pour construire, au niveau européen, de nouvelles régulations ?

Savent-ils encore agir ?

Pourquoi nous demandent-ils de leur confier le pouvoir si c'est pour ne rien en faire ?

Mercredi 24 juin 2015 :
6 millions de chômeurs

Le cap des 6 millions d'inscrits à Pôle Emploi est franchi en France métropolitaine. Les chiffres du mois de mai sont terribles : 16 200 chômeurs supplémentaires pour la seule catégorie A, mais 67 800 nouveaux inscrits, toutes catégories confondues. François Rebsamen explique que la flambée du chômage aurait été plus faible si on n'envoyait pas des textos aux chômeurs pour leur rappeler qu'ils doivent actualiser leur situation… On a honte, parfois, d'avoir voté pour le PS en 2012. On a honte devant leur bêtise et leur manque d'humanité.

En écoutant le commentaire de François Rebsamen, je me souviens de la rencontre avec Pierre Meneton (« Le chômage fait entre 10 000 et 20 000 morts par an. Sans doute plus, en réalité »). Je me souviens aussi d'un déjeuner avec Emmanuel Macron.

C'était en avril 2013. Emmanuel Macron nous avait invités à l'Élysée, Michel Rocard et moi. Au terme de deux heures de travail en commun, celui qui était alors le principal conseiller économique du président lâchait : « J'ai l'impression qu'on fait une politique des années 1980. Une politique qui aurait pu marcher il y a trente ans. »

Et quand, à trois reprises, Michel Rocard rappelle à Emmanuel Macron que nous sommes à la disposition du président pour lui démontrer qu'une autre stratégie est nécessaire, et que la politique que nous proposons est tout à fait crédible, aussi bien économiquement que politiquement, Macron botte en touche et répond tristement : « On ne change pas un homme. »

« C'est effrayant », me dit Michel Rocard sur le trottoir en montant dans sa voiture.

Oui, c'est effrayant. Ils ont du sang sur les mains : ils savent que leur politique est inefficace et qu'il existe des alternatives sérieuses, mais ils ne bougent pas alors que, tous les mois, des centaines d'hommes et de femmes meurent du chômage et que notre société menace ruine.

En août 2012, François Hollande nous avait écrit, à Stéphane Hessel et à moi. Il avait lu pendant l'été le petit livre[1] publié pendant la campagne présidentielle pour faire connaître les analyses et les propositions du Collectif Roosevelt 2012[2] :

« Chers amis,

Votre collectif avance des solutions concrètes. J'en ai pris connaissance avec intérêt. Je vous recevrai bien volontiers à la rentrée.

Bien cordialement.

F. Hollande. »

---

1. *C'est plus grave que ce qu'on vous dit, mais on peut s'en sortir*, Nova éditions, 2012 (épuisé).

2. Le Collectif Roosevelt est un mouvement citoyen d'action et de formation politique que nous avons créé début 2012 avec Stéphane Hessel, Edgar Morin, Susan George, Cynthia Fleury, Bruno Gaccio et Curtis Roosevelt, le petit-fils du président américain... Aujourd'hui, plus de 110 000 citoyens ont signé son manifeste et 20 groupes locaux sont actifs en France.

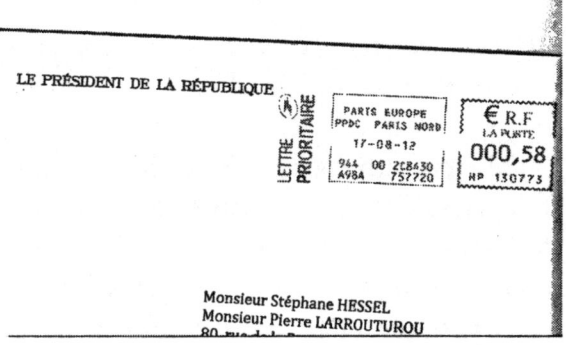

LE PRÉSIDENT DE LA RÉPUBLIQUE

LETTRE PRIORITAIRE

PARIS EUROPE
PPDC PARIS NORD
17-08-12
944 00 2C8430
A984 757720

€ R.F
LA POSTE
000,58
MP 130773

Monsieur Stéphane HESSEL
Monsieur Pierre LARROUTUROU
80

LE PRÉSIDENT DE LA RÉPUBLIQUE

1 6 AOUT 2012

Chers amis,

Votre collectif avance des solutions concrètes.
J'en ai pris connaissance avec intérêt.
Je vous recevrai bien volontiers à la rentrée.

Bien cordialement

C'est Jean-Pierre Jouyet qui avait fortement incité François Hollande à lire ce livre. Jean-Pierre Jouyet est aujourd'hui le secrétaire général de l'Élysée, le bras droit du président, dont il est un des plus proches amis depuis leur scolarité commune à l'ENA[1].

_____

1. Ils faisaient partie de la promotion Voltaire sortie de l'École nationale d'administration en 1980.

47

« Il faut arrêter les rustines et s'attaquer
avec force à la racine des problèmes »

J'ai rencontré Jean-Pierre Jouyet alors qu'il était président de l'Autorité des marchés financiers (AMF). Le 23 septembre 2011, sur France Inter, il affirmait : « Nous sommes face au risque d'un effondrement de l'ensemble du système économique mondial. » Voilà qui tranchait avec l'optimisme du programme du PS, qui prévoyait, comme celui de l'UMP et du Modem, un retour rapide de la croissance.

En entendant Jean-Pierre Jouyet s'inquiéter d'un possible « effondrement de l'ensemble du système économique mondial », je me dis qu'il peut être une bonne porte d'entrée pour tenter d'influer sur la politique que va mettre en œuvre François Hollande s'il est élu. J'appelle son secrétariat et demande à le rencontrer.

Il accepte assez vite de me recevoir, et je me retrouve dans son bureau, place de la Bourse, quelques semaines avant l'élection présidentielle. Je lui dis que j'espère la victoire de François Hollande, mais que je pense que le programme du PS n'est pas du tout à la hauteur des enjeux : « Je pense comme vous qu'aucun problème n'a été réglé depuis 2008 et qu'on risque une nouvelle crise, potentiellement plus grave que la première.

Si l'on veut l'éviter ou en limiter les conséquences, il faut arrêter les rustines et s'attaquer avec force à la racine des problèmes. Ce qui suppose de poser le bon diagnostic. Crise de la dette publique et crise de la dette privée… d'où vient le problème ? De quelle nature est cette crise ? »

Je montre à Jean-Pierre Jouyet une courbe fondamentale : l'évolution de la dette totale aux États-Unis depuis la fin de la Seconde Guerre mondiale. On voit très bien comment la dette a commencé à augmenter quand Ronald Reagan est arrivé au pouvoir.

Dette totale aux États-Unis depuis 1952
(hors dette du secteur financier)

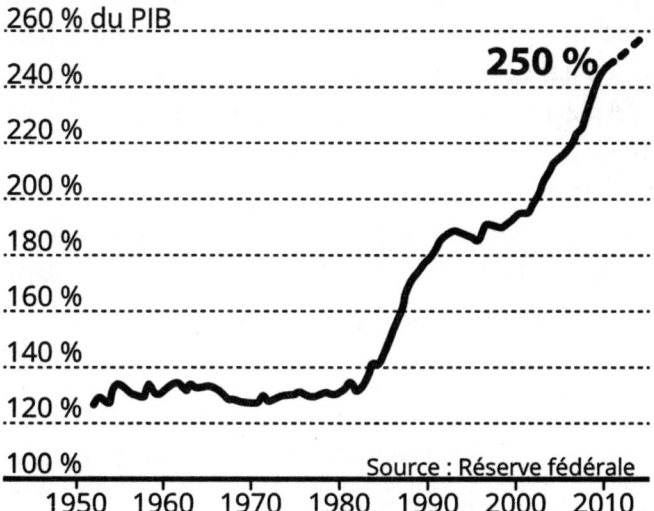

49

Jusqu'en 1981, le ratio dette/PIB était parfaitement stable[1]. L'économie n'avait pas besoin de dette pour croître régulièrement, car des règles collectives assuraient une progression régulière des salaires et un partage équitable entre salariés et actionnaires. Ce « compromis fordiste » a permis aux États-Unis de connaître trente ans de prospérité. Sans dette. Avant Reagan, avant les politiques de dérégulation, il n'y avait pas besoin de dette pour nourrir l'économie. Ni de dette publique ni de dette privée.

Mais, en 1981, avec Ronald Reagan, les néolibéraux investissent la Maison-Blanche : ils baissent les impôts des plus riches, ce qui augmente la dette publique. La dette augmente surtout parce que les politiques de dérégulation amènent à une très grande précarité et à la baisse de la part des salaires. C'est à partir de là que des millions d'Américains vont s'endetter pour maintenir leur niveau de vie.

Les États-Unis ne sont pas une exception : la part des salaires a baissé dans des proportions assez semblables (entre 8 et 13 % du PIB) dans tous les pays occidentaux.

---

1. Sur cette courbe figure la dette totale des États-Unis, hors dette du secteur financier : dette des familles + dette des entreprises + dette des collectivités et de l'État fédéral.

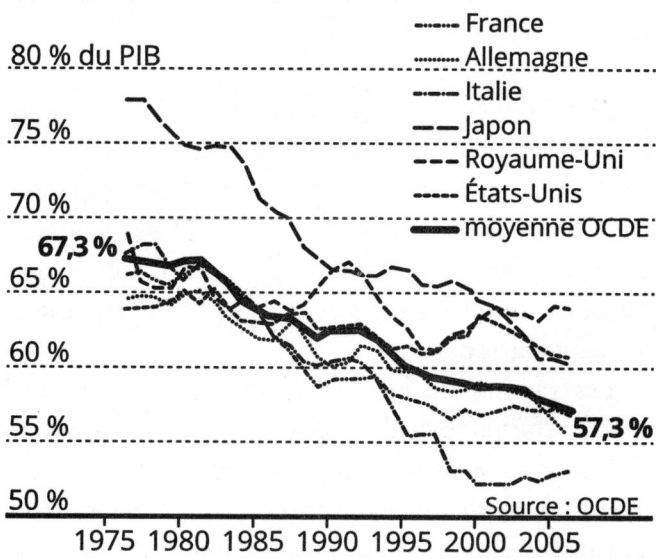

Part des salaires dans le PIB

En 2007, déjà, dans un livre intitulé *Les Incendiaires*[1], Patrick Artus, professeur d'économie à l'École polytechnique et directeur des études à la Caisse des dépôts, soulignait le déséquilibre considérable qui se creuse sous nos yeux entre bénéfices et salaires :

« Dans la zone euro, chaque année, les entreprises prennent l'équivalent de 1 % du PIB dans la poche de leurs salariés, en plus de ce qu'elles ont fait les années précédentes.

---

1. *Les Incendiaires. Les banques dépassées par la globalisation*, Patrick Artus, Perrin, 2007.

« Dû à la perte de pouvoir de négociation des salariés, le transfert en faveur des profits est considérable. »

Dans un contexte de chômage de masse, quel salarié peut négocier une augmentation de salaire ? Qui peut « donner sa démission » en espérant trouver un autre emploi ? « Si tu n'es pas content, tu peux aller voir ailleurs. » La peur du chômage est dans toutes les têtes et déséquilibre gravement les négociations.

Les racines de la crise financière, c'est trente ans de chômage et de précarité ! C'est à cause du chômage que la négociation sur les salaires est tellement déséquilibrée et que la part des salaires a tant diminué. C'est à cause du chômage que nos économies ont tant besoin de dette.

Crise de l'État-providence ou crise du capitalisme dérégulé ? J'insiste auprès de Jean-Pierre Jouyet sur la lecture politique qu'il faut avoir de ces chiffres. La courbe de la dette américaine le montre de façon indiscutable : pendant trente ans, tant qu'il y avait des règles du jeu qui permettaient à tous d'avoir un emploi et une progression régulière des salaires, l'économie a très bien fonctionné sans avoir besoin de dette.

Depuis qu'ont été mises en œuvre les politiques de dérégulation, en revanche, la croissance ne s'est maintenue que parce qu'on distribuait par la dette le pouvoir d'achat qu'on ne donnait pas en salaire : « Sans l'augmentation de la dette des ménages, la croissance serait nulle en zone euro depuis 2002, continue Patrick Artus. Et avant 2002, c'est l'endettement des entreprises qui nourrissait la croissance. »

Au total, en trente ans, ce sont des sommes considérables qui sont parties vers les marchés financiers au lieu d'aller aux salariés et donc aussi à l'État, *via* la TVA : de l'ordre de 150 % du PIB. Colossal !

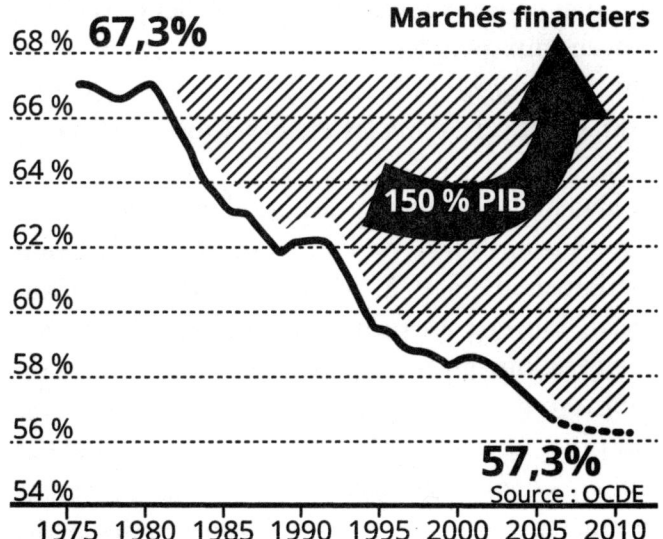

Part des salaires dans la valeur ajoutée des entreprises

68 % **67,3%**   **Marchés financiers**

150 % PIB

57,3%
Source : OCDE

1975 1980 1985 1990 1995 2000 2005 2010

Cet argent a-t-il profité à la recherche ou à l'investissement ? Non. Toutes les études montrent que, sur cette période, l'investissement et la recherche sont stables. Ces sommes colossales ont été accaparées par un tout petit nombre d'individus. La fortune cumulée des 0,2 % les plus riches de la planète est estimée à 39 000 milliards d'euros !

La question de la dette des États est évidemment très importante (elle représente entre 90 et 95 % du PIB en France et en Allemagne), mais, au lieu de bloquer les retraites et de geler le financement de la Santé ou de l'Éducation, il faut utiliser tous les leviers fiscaux possibles pour récupérer une bonne part de la « dette des marchés », ces sommes considérables que les 0,2 % les plus riches doivent aux peuples de nos pays, si on considère que le partage entre salariés et actionnaires était juste et efficace dans les années 1960 et 1970.

Dans ce bureau, qui dispose d'une vue magnifique sur la Bourse de Paris, j'insiste sur ce point fondamental face à mon interlocuteur, Jean-Pierre Jouyet : les racines de la crise, c'est trente ans de chômage et de précarité. C'est à cause du chômage de masse que la part des salaires a tant diminué. Le chômage n'est pas seulement une des conséquences de la crise. Il en est l'une des causes premières. C'est à cause du chômage, des petits boulots et des petits salaires que nos économies ont besoin de toujours plus de dette.

Pour sortir de notre dépendance à la dette, il faut réguler les marchés, lutter contre les paradis fiscaux et taxer les flux financiers, mais il faut aussi et surtout s'attaquer frontalement au chômage : c'est seulement en donnant au plus grand nombre un vrai emploi et une vraie capacité de négociation sur les salaires que nous sortirons durablement de la crise.

Certains voudraient nous faire croire que la justice sociale est un luxe auquel il faudrait renoncer en ces temps difficiles, mais reconstruire la justice sociale, en France comme en Europe et dans l'ensemble de la planète, n'est pas un luxe : c'est le seul moyen de sortir de la crise.

Pour un candidat socialiste, ça ne devrait pas être trop difficile de mobiliser le pays autour de cet objectif...

Pas besoin d'en dire davantage : quand Jean-Pierre Jouyet a regardé la courbe de la dette aux États-Unis, j'ai vu dans ses yeux que l'argument avait fait mouche. Il a écouté tout le raisonnement en prenant quelques notes et m'a demandé s'il pouvait garder le livre.

Il a entouré la courbe de la dette américaine et corné le haut de la page en me disant qu'il allait lire ce petit livre sans tarder. Je l'ai remercié pour son accueil, lui ai dit que je restais à sa disposition et j'ai quitté son bureau.

Quelques jours plus tard, Jean-Pierre Jouyet m'appelle. Il propose que nous nous revoyions sans tarder. Le second rendez-vous est vraiment chaleureux. Visiblement, le président de l'AMF a apprécié les analyses du Collectif Roosevelt. Il me donne les numéros de portable et de fixe d'un certain nombre de personnes qui auront un rôle important si Hollande est élu : Emmanuel Macron, Dominique Villemot, Odile Renaud-Basso... « Je vais les prévenir de ton appel. Ils auront tous un rôle à jouer si François gagne l'élection. Va les voir et explique-leur ta façon de voir les choses. »
Et j'ai effectivement rencontré, à plusieurs reprises, Dominique Villemot, Emmanuel Macron et Odile Renaud-Basso[1]... En vain.

« Même pour nous, c'est un mystère »

Si je raconte aujourd'hui ces épisodes, c'est parce que je ne supporte plus l'inertie de nos dirigeants, élus et conseillers du prince. Avec

---

1. Emmanuel Macron sera conseiller à l'Élysée puis ministre. Odile Renaud-Basso sera directrice adjointe du cabinet de Jean-Marc Ayrault, puis directrice adjointe de la Caisse des dépôts.

Stéphane Hessel, avec Michel Rocard ou tout seul, je suis allé plus de quinze fois à l'Élysée et autant à Matignon depuis 2012. Chaque fois, nous avons eu des discussions longues et approfondies avec les conseillers du président, avec ceux du Premier ministre et avec Jean-Marc Ayrault lui-même quand il était encore en fonction. Chaque fois, on nous a dit que c'était « passionnant », « très argumenté », « réconfortant », « vivifiant »... mais rien n'a bougé.

Je me souviens d'une rencontre avec le conseiller social du président, Michel Yahiel. C'était le 2 juillet 2013. Après cinquante minutes d'échange, la conclusion est claire : « Écoute, je suis à peu près d'accord avec tout ce que vous dites, Rocard et toi[1]. Maintenant, c'est au président de décider. Il faut que tu le rencontres. Je pense qu'il cherche des solutions pour sortir de l'impasse, mais, même pour nous, c'est un mystère... Je vais en parler à Macron, mais, moi, je suis partisan des circuits courts : le mieux, c'est que tu voies le président. C'est à lui de décider. »

Malheureusement, le président parle, il promet, mais il refuse le débat et s'obstine à conduire notre pays dans une impasse. En août 2012,

---

1. *La gauche n'a plus droit à l'erreur*, Michel Rocard et Pierre Larrouturou, Flammarion, 2013.

François Hollande nous écrivait, à Stéphane Hessel et moi, que nous avions des solutions concrètes et qu'il souhaitait nous rencontrer, mais pendant trois ans, jusqu'à la rencontre sur la Grèce, il n'a jamais donné suite à nos demandes de rendez-vous. Comment expliquer que cette inertie soit tellement contagieuse ? En mai 2013, c'est Jean-Marc Ayrault qui me dit qu'il n'en peut plus de l'inertie de François Hollande, qu'il ne croit plus à son discours sur le retour de la croissance et qu'il veut changer de ligne politique. Sans aucune suite.

En juillet 2013, c'est le conseiller social qui approuve nos analyses… mais rien n'avance.

Et tous les mois, le chômage augmente. Et tous les mois, le chômage tue. Et le Front national a remporté une victoire historique aux élections européennes du 25 mai 2014 en rassemblant 26 % des voix contre un peu plus de 20 % à l'UMP, et moins de 14 % pour le PS.

Le score du PS est presque deux fois plus faible que celui du FN. La presse parle d'un « séisme », mais le gouvernement refuse de changer de politique, alors que tous les sondages annoncent Marine Le Pen largement en tête au premier tour de la prochaine élection présidentielle…

« Ils ont des yeux et ils ne voient pas. Des oreilles et ils n'entendent pas. » L'inertie de nos dirigeants est impardonnable. Ils savent tous que leur politique conduit à un effondrement de notre pays. Et ils n'en changent pas. Que dirait-on d'un médecin qui s'obstinerait à traiter avec des vitamines ou des antibiotiques un malade souffrant d'un cancer ? Il serait condamné.

Je ne comprends pas comment ces gens peuvent encore se regarder dans un miroir.

Vendredi 14 août 2015 :
croissance : 0 – ministre : pas mieux

C'est l'information qui est reprise ce matin par toutes les radios. Les chiffres de l'Insee sont mauvais : la croissance de la France retombe à 0,0 % au deuxième trimestre. Invité sur France Inter pour commenter ce chiffre, Michel Sapin affirme que « la France est en reprise d'activité, en reprise de croissance. C'est encore insuffisant, mais c'est indispensable ».

Lui qui, en décembre 2013, annonçait déjà que l'inversion de la courbe du chômage était « bien amorcée », explique à l'antenne qu'« une croissance nulle conforte nos objectifs en matière de croissance. [...] La politique économique porte ses fruits ».

Pendant toute la journée, les commentateurs s'en donnent à cœur joie et se moquent de ces déclarations surréalistes (« une croissance nulle conforte nos objectifs », il fallait oser !). Je ne suis pas certain qu'elles aient beaucoup amusé les chômeurs, les précaires et leurs familles.

Mardi 25 août 2015 : « Nuls.
Totalement nuls et nuls dans tous les domaines »

Les marchés financiers s'effondrent en Chine et, par contagion, sur l'ensemble de la planète. La Bourse de Shanghai, qui avait gagné 150 % en un an, n'en finit plus de chuter : elle a perdu plus d'un tiers de sa valeur en quelques semaines. Depuis le début de l'été, près de 4 000 milliards de dollars sont partis en fumée. Cet événement est à la une de tous les quotidiens français :

> Pierre Larrouturou avait raison. Depuis des années, à rebours de la plupart des docteurs tant-mieux de la mondialisation heureuse, ce Cassandre sympathique, émule de Michel Rocard, pointait du doigt le développement chinois. Sa croissance à deux chiffres, disait-il, repose sur une politique de surinvestissement dangereuse et sur une immobilière himalayesque. Cette bulle est en train d'éclater.
>
> Laurent Joffrin
> Éditorial de *Libération*, 25 août 2015

En 2008, quand *Marianne* me présentait comme « l'un des cinq économistes qui avaient annoncé la crise financière », je ressentais un peu de fierté. Mais en août 2015, aucune fierté. Seulement de la colère.

À quoi ça sert d'avoir raison, si on n'est pas capable de faire bouger les choses ?

En 2005, j'avais fait une grève de la faim pour tirer la sonnette d'alarme et j'avais déposé une contribution au congrès du PS. À La Rochelle, en août 2005, j'avais eu droit à deux minutes d'intervention lors d'un grand débat avec Dominique Strauss-Kahn. Je montrais la courbe de la dette américaine qui montait de façon presque verticale. Je montrais aussi la courbe du taux d'épargne américain qui devenait négatif. J'expliquais qu'on allait vers une crise majeure et que c'était le rôle des socialistes de sonner le tocsin et de proposer des solutions pour limiter l'impact du choc qui s'annonçait. Mais DSK avait répondu en ricanant : « Larrouturou s'inquiète pour rien. Larrouturou est pessimiste. Il n'y a aucun risque de crise aux États-Unis. » Dix-huit mois plus tard, HSBC annonçait 10 milliards de pertes sur son activité subprimes. C'était le début de la crise la plus grave depuis 1929…

En 2012, Stéphane Hessel et moi avons repris notre carte au PS et déposé une motion dans laquelle nous montrions que la crise n'était pas finie et qu'il n'y avait aucun espoir de voir le chômage reculer sans un vrai changement de politique. Plus de 10 000 militants ont voté pour nous, mais il n'y a jamais eu une heure de débat sur nos thèses à Solférino.

Juin 2013, nouvelle grève de la faim devant l'Assemblée nationale durant quatre jours, avec le soutien de Christiane Hessel et de nombreux citoyens. Rencontres avec bon nombre de députés. Nous leur expliquons que nous sommes dans l'œil du cyclone et que, à tout moment, une nouvelle crise peut éclater. Ils sont nombreux à nous dire qu'ils partagent nos doutes sur la politique menée par François Hollande, « mais que veux-tu qu'on y fasse ? ».

Cela fait sept ans que j'explique à tous les journalistes et à tous les politiques que je rencontre que la Chine n'est pas la solution mais le prochain problème. La Chine ne va pas longtemps tirer la croissance mondiale ; elle sera la prochaine bulle à éclater. En août 2015, hélas, les bulles chinoises (financières et immobilières) ont éclaté, mais nos dirigeants continuent de nier l'évidence : à Berlin, Emmanuel Macron affirme que la croissance française n'est « pas menacée par la crise chinoise ». « En revanche, le ministre ne cache pas que la Chine représente actuellement un risque particulièrement grand pour la reprise économique mondiale », note cependant *Les Échos*[1].

En juin 2012, lors de la rencontre déjà évoquée avec Emmanuel Macron et Matthieu Peyraud, nous avions consacré un long moment à la question de la Chine. Ils étaient tous les deux d'accord pour dire que la situation était totalement instable économiquement, socialement et militairement. Pourquoi, aujourd'hui, refusent-ils de voir la réalité en face ?

À l'un des journalistes qui m'appellent le 25 août pour me demander des chiffres récents sur la Chine, je dis ma colère et mon ras-le-bol devant cette irresponsabilité généralisée de nos dirigeants. Il me coupe et résume la situation d'une phrase : « Ils sont nuls. Totalement nuls et nuls dans tous les domaines. »

Nuls.

Totalement nuls.

Et nuls dans tous les domaines.

C'est vrai. Et c'est déprimant.

« Sapiens sapiens *ou couillon couillon ?* »

Il serait sans doute mieux pour notre pays que, comme en Belgique, nous n'ayons pas de

---

1. *Les Échos*, 25 août 2015.

gouvernement pendant quelques mois, car ils ne sont pas seulement nuls : ils aggravent les problèmes. Quand Michel Sapin nous explique que la croissance 0 conforte ses objectifs, nous sentons tous qu'il nous prend pour des imbéciles. Quand Emmanuel Macron explique que l'explosion des bulles chinoises met en danger la croissance mondiale, mais que la France sera épargnée, nous sommes des millions à penser : « Comme pour le nuage de Tchernobyl ? »

« Ils sont nuls, totalement nuls et nuls dans tous les domaines », m'a dit le journaliste parisien. « Ils nous prennent pour des couillons », complète un ami béarnais.

La crise que nous traversons n'est pas seulement une crise sociale et écologique, pas seulement une crise financière et économique. C'est d'abord et avant tout une crise culturelle. Et, par leurs mensonges, nos dirigeants aggravent la crise en provoquant une souffrance intime, une souffrance anthropologique : qui donc est l'Homme pour être ainsi ballotté d'une crise à l'autre ? Qui donc est l'Homme pour être incapable de maîtriser son avenir ? Qui dont est l'Homme pour abandonner sa souveraineté aux marchés financiers ?

« À l'école, on nous a appris que nous sommes des *Homo sapiens sapiens*, mais quand on écoute Sapin, Valls et Macron, on se demande si on est vraiment des *sapiens sapiens* ou des couillons couillons », poursuit l'ami béarnais.

Sapiens sapiens ou couillons couillons ? C'est une question fondamentale. Que la crise économique s'aggrave, que la bulle immobilière explose en Chine, ils n'y sont pour rien. Mais s'ils nous prennent pour des imbéciles, si chacun de nous se sent humilié par la nullité de leur action, par leur suffisance et par leur façon d'insulter notre intelligence, s'ils poussent chacun de nous à baisser les bras ou à écouter son cerveau reptilien, si, par leur médiocrité et leurs mensonges, ils nous poussent au chacun pour soi et à la haine du voisin, alors ils sont coupables.

2022 ou 2015 ?

« Manuel Valls prépare 2022 », explique *Le Monde* du 30 août. L'envoyé spécial du journal à l'université d'été du PS à La Rochelle l'écrit noir sur blanc : « Vingt mois avant la présidentielle, c'est déjà l'après-2017 qui se prépare chez les socialistes. La mission pour Valls sera de mettre la main sur le parti pour préparer sa candidature à l'élection de 2022. »

L'Europe est à deux doigts du chaos. Notre pays est en train de s'effondrer. Tous les mois, le nombre de chômeurs augmente de 20 000 ou 30 000.

Toutes les semaines, des paysans et des artisans se donnent la mort, car ils n'arrivent plus à vivre de leur travail. Le FN caracole en tête de tous les sondages… mais le chef du gouvernement refuse de changer de politique et prépare 2022.

Mais dans quel état sera notre pays en 2022 si on ne change pas très vite notre modèle de développement ? Il reste dix-huit mois avant l'élection de 2017. C'est largement suffisant pour changer de politique et obtenir des résultats.

En mars 1983, François Mitterrand et Pierre Mauroy ont eu le courage de reconnaître que leur politique ne marchait pas. Ils ont eu le courage d'avouer leurs erreurs et de changer de politique. En quelques semaines, ils ont décrété ou fait voter des réformes importantes. Pourquoi ne serait-il pas possible de changer de cap aujourd'hui, tout de suite ?

Comment provoquer un sursaut ? Comment provoquer une insurrection des consciences ? C'était la grande question dont nous débattions avec Stéphane Hessel et Edgar Morin début 2012. Elle est plus que jamais d'actualité en cette fin 2015.

Comment faire ? Et si on prenait le contre-pied de ceux qui nous dirigent ? Ils passent leur temps à mentir et ils nous prennent pour des couillons ? Qu'à cela ne tienne. On va dire la vérité et miser sur l'intelligence et la conscience des citoyens.

II

Dire la vérité :
« Comme des somnambules,
nous marchons vers l'abîme »

1

Dire la vérité sur le chômage

Dire la vérité, c'est reconnaître que non seulement la crise n'est pas finie, mais qu'elle est plutôt en train de s'aggraver et risque bientôt d'échapper à notre maîtrise.

N'en déplaise à Michel Sapin, nous n'abordons pas des rivages où coulent le lait et le miel, et des temps qui verraient « reculer solidement » nos problèmes. Au contraire, dans de nombreux domaines, si nous ne sommes pas capables de changer très vite de direction, nous approchons d'un point d'effondrement, un point de basculement, de non-retour.

« Comme des somnambules, nous marchons vers l'abîme », affirmait Edgar Morin en 2012. Trois ans plus tard, sur tous les plans, la situation a nettement empiré et chacun sent que notre société est devenue comme inflammable, qu'elle est aujourd'hui dans un état de fragilité extrême.

Dire la vérité, c'est insister d'abord sur la gravité de la crise sociale. À la fin de chaque mois, quand sont rendus publics les chiffres du chômage, les communiqués du ministre du Travail tentent de minimiser l'ampleur du problème : « Pour le 28ᵉ mois consécutif, le chômage a augmenté le mois dernier. La hausse est de 0,3 %. » Après tout, si le chômage n'augmente que de zéro virgule quelque chose et si l'augmentation dure depuis 28 mois (et qu'on n'en est pas morts), pourquoi s'inquiéter ?

Est-ce la bonne façon de faire ? Si nous voulons provoquer un sursaut, si nous voulons que notre pays se ressaisisse et se donne enfin les moyens de lutter contre le chômage, faut-il minimiser et banaliser la réalité ou faut-il à l'inverse sonner le tocsin et être lucide et honnête sur l'ampleur du mal ?

En juillet 2015, le nombre total des inscrits à Pôle Emploi atteint 6 098 000 en métropole. Avec l'outre-mer, on dépasse les 6 300 000. On le voit sur cette courbe du ministère du Travail : en quatre ans, le nombre de chômeurs a augmenté de 1 400 000, et il est très difficile de faire une différence entre les années Hollande et les années Sarkozy...

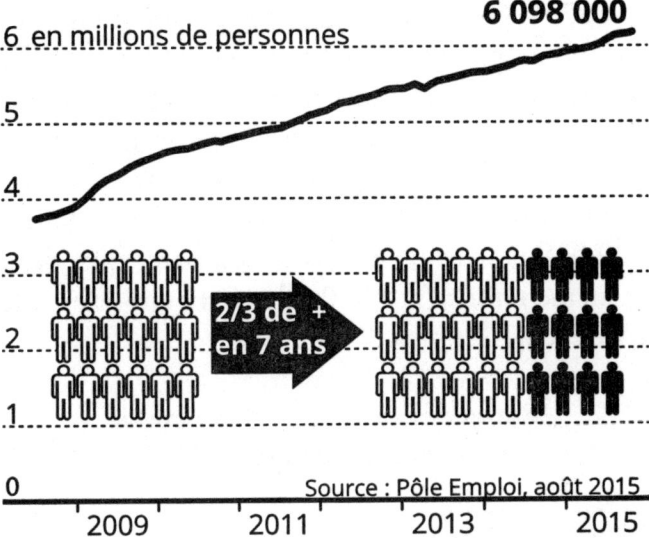

Nombre total d'inscrits à Pôle Emploi

Hélas, ces chiffres, déjà déplorables, donnent une image encore trop positive de la réalité : tous les mois, plus de 500 000 hommes et femmes s'inscrivent à Pôle Emploi. En juillet 2015, par exemple, il y a eu 527 700 inscriptions. En un mois seulement. C'est énorme. Dramatique !

Tout est fait pour qu'on ne voie pas la foule immense de ceux qui ont perdu leur emploi. Tout est fait pour qu'ils ne se rencontrent pas – qui sait, peut-être qu'ils réfléchiraient ensemble à la meilleure façon de changer un système économique si déficient. Chacun reste chez soi à surfer sur Internet et à envoyer des CV.

527 000 nouveaux inscrits en un mois. Pas étonnant que toutes les enquêtes indiquent que le chômage est le souci numéro 1 des Français ! Mais pourquoi le nombre de chômeurs augmente-t-il « seulement » de 17 000 (qui correspondent aux 0,3 % d'augmentation), alors qu'il y a plus de 500 000 nouveaux inscrits ? C'est parce que, dans le même temps, 510 900 salariés au chômage ont quitté Pôle Emploi.

Entrées et sorties de Pôle Emploi
pour le mois de juillet 2015

Entrées à Pôle Emploi	527 700 inscriptions
Sorties de Pôle Emploi	510 900 sorties
Solde	+ 17 000 « nouveaux chômeurs »

Les chiffres qui sont commentés par les médias chaque fin de mois ne sont que le solde, la différence, entre les entrées et les sorties des fichiers de Pôle Emploi. Malheureusement, comme l'indique une étude du ministère du Travail, en moyenne, depuis un an, 47 % seulement de ceux qui sortent des fichiers retrouvent un emploi.

Cela signifie que, chaque mois, plus de 200 000 hommes et femmes quittent les fichiers de Pôle Emploi, mais ne retrouvent PAS de travail pour autant. Certains ont eu un problème administratif : pendant quelques semaines, leur dossier va rester en apesanteur, ce qui complique très nettement leur vie quotidienne, car leur indemnité est elle aussi suspendue. D'autres ont repris une formation. D'autres encore sont malades. Et beaucoup arrivent en fin de droits : ils ne sont plus comptés comme chômeurs, mais tombent dans une galère plus grande encore. Leurs revenus et leurs chances de retrouver un emploi ont dégringolé un cran plus bas.

S'ils ont un conjoint qui a un bon revenu, ils continuent à vivre correctement. S'ils n'ont pas ce « privilège », la fin de droits est une étape supplémentaire dans la régression sociale, qui peut conduire à passer en dessous du seuil de pauvreté.

On ne dispose d'aucun chiffre précis sur ces mouvements. En 2010, *Le Monde*[1] affirmait qu'un million de personnes au chômage allaient tomber en « fin de droits » et que, parmi elles, 600 000 ne pourraient compter que sur la solidarité de leurs proches, soit 50 000 « sans aucun droit » supplémentaire chaque mois. Il y a fort à

1. « Un million de chômeurs en fin de droits en 2010 », *Le Monde*, 18 janvier 2010.

parier que la situation est encore pire aujourd'hui, car le nombre de chômeurs de longue durée a très fortement augmenté.

En résumé : lorsque le ministère annonce que 20 000 personnes viennent chaque mois grossir les rangs du chômage, c'est enjoliver la réalité en oubliant les dizaines de milliers de chômeurs en fin de droits, qui sont oubliés par les statistiques officielles.

Si les chiffres officiels du chômage diminuaient de 20 000 ou 30 000 par mois, le gouvernement exulterait, alors que le nombre réel des personnes touchées par la crise continuerait d'augmenter. Il faudrait que le nombre officiel de chômeurs recule de 50 000 au moins pour qu'on puisse enfin parler d'une réelle inflexion de la courbe.

Il est facile de faire dire aux chiffres ce que l'on a envie d'entendre. Voici pourtant le triste bilan de notre pays depuis que la crise a éclaté : entre juillet 2008 et juillet 2015, le nombre total d'inscrits à Pôle Emploi est passé de 3 500 000 à 6 100 000[1].

---

1. Sans compter les territoires d'outre-mer : il faudra un jour que le ministère du Travail explique pourquoi ils ne sont pas comptabilisés dans les statistiques les plus « médiatisées », alors que les demandeurs d'emploi de ces territoires se connectent aux mêmes outils que ceux de métropole…

2 600 000 chômeurs supplémentaires. Sans compter les « fin de droits », 1,5 million au minimum. Sans doute beaucoup plus.

Au total, ils sont donc plus de 4 millions : 4 millions d'hommes et de femmes dont la vie a basculé. 4 millions de familles directement impactées dans leur vie quotidienne : comment faire ses courses, comment payer son loyer ou acheter à ses enfants « la paire de tennis qu'ont déjà tous les copains », lorsqu'on doit vivre avec des indemnités de chômage ou les 524 euros mensuels du RSA ?

C'est un drame. Une hécatombe. Quoi qu'en dise le ministre, ce n'est pas une augmentation de « zéro virgule quelque chose », c'est une catastrophe. Une gangrène qui ronge toute la société…

À la vue de ces chiffres, on comprend la défiance et la colère qui montent chaque fois qu'un politique ouvre la bouche pour se réjouir de « l'inflexion de la courbe » ou de « la reprise de l'économie ». Ce n'est plus de la méthode Coué. C'est un déni de réalité totalement insupportable pour les millions d'hommes et de femmes dont le quotidien a été brisé par la crise. Et pour tous ceux qui ont peur d'être bientôt concernés. Nous sommes nombreux dans ce cas : qui peut se croire pour toujours à l'abri ?

Chômage, précarité : l'épée de Damoclès

Jamais il n'y a eu autant de chômage. Jamais, non plus, il n'y a eu autant de précarité : plus de 80 % des embauches réalisées en France en 2015 sont des CDD. Les emplois normaux (CDI à temps plein) représentent maintenant moins de 13 % des embauches. Quand les carnets de commandes sont si peu remplis, quand nul ne sait de quoi demain sera fait, quand même les dirigeants du pays semblent naviguer à vue, quel patron de PME peut signer un CDI, certain de pouvoir garder le nouveau salarié pendant plusieurs années ?

À un tel niveau, le chômage et la précarité ne concernent pas seulement les chômeurs, les précaires et leurs familles (ce qui représente déjà une foule considérable) : des millions de salariés sentent peser le chômage au-dessus de leur tête, comme une épée de Damoclès. Cette menace permanente les oblige à accepter des situations qu'ils auraient refusées autrefois.

Selon l'Insee, 50 % des salariés voudraient changer de travail, mais ne le font pas : ils s'ennuient, ils sont trop à l'étroit dans leur poste. Mal dans leur peau, mal payés ou mal traités, ils restent malgré tout dans l'entreprise. Pourquoi ? Parce qu'ils ne peuvent pas trouver mieux ailleurs : en situation de plein-emploi, un salarié qui s'ennuie dans son poste, qui subit une charge de travail trop importante ou n'a pas un salaire correspondant à ses responsabilités peut donner sa démission et décrocher un autre emploi assez rapidement. Mais quand il y a 6 millions d'inscrits à Pôle Emploi, qui oserait donner sa démission ?

La souffrance au travail était un problème marginal il y a trente ans ; c'est aujourd'hui une pathologie de plus en plus répandue. Cette souffrance peut être physique (maladies liées aux cadences trop rapides ou à des stations immobiles trop longues) ou morale.

Le travail devrait être un lieu de créativité et d'épanouissement. Il devient pour beaucoup un lieu de routine ou de stress, où l'on se rend d'abord et avant tout pour gagner son salaire. Souffrance au travail et souffrance liée au non-travail sont deux facettes d'un même problème, le chômage de masse.

Tous concernés

Le chômage et la précarité déséquilibrent totalement la négociation sur les salaires, pour tout le monde. J'ai cité plus haut Patrick Artus, directeur des études à la Caisse des dépôts : « Dans la zone euro, chaque année, les entreprises prennent l'équivalent de 1 % du PIB dans la poche de leurs salariés, en plus de ce qu'elles ont fait les années précédentes. Dû à la perte de pouvoir de négociation des salariés, le transfert en faveur des profits est considérable. »

Quand la pression des grands groupes sur les PME n'est limitée par aucune règle publique, quelle PME peut augmenter les salaires si le concurrent ne le fait pas ? Quel salarié peut exiger une augmentation ? Dans beaucoup d'entreprises, la peur du chômage est dans toutes les têtes et la négociation sur les salaires se réduit à : « Si t'es pas content, va voir ailleurs ! »

En 2014, en France, alors que le PIB par tête n'augmentait quasiment pas (+ 0,2 %), les dividendes versés aux actionnaires ont bondi de + 30 %[1].

Les statistiques masquent parfois cette réalité : on dit souvent que « les Français ont l'un des taux d'épargne les plus élevés de la planète : 16 % ». C'est globalement vrai, mais cette épargne est très mal répartie : l'Insee montre que 40 % des Français n'ont absolument aucune épargne et ont régulièrement des difficultés pour boucler leurs fins de mois, alors que les 1 % les plus riches ont

---

1. *Le Figaro*, 8 février 2015.

un taux d'épargne de plus de 60 % et ne savent plus quoi faire de leur fortune.

Même s'ils bénéficient de la sécurité de l'emploi, les salariés du secteur public sont de plus en plus impactés, eux aussi, par les conséquences du chômage de masse. Comme les salariés du privé, comme les artisans et les patrons de PME, ils voient leurs enfants touchés par le chômage et la précarité au commencement de leur vie d'adulte. Eux-mêmes doivent abandonner l'espoir d'obtenir les augmentations de salaire auxquelles ils pouvaient prétendre autrefois : si les salaires sont gelés dans le privé, le ministre de la Fonction publique trouve juste et normal de geler aussi les salaires des fonctionnaires ou de ne les augmenter que de façon homéopathique et donc inférieure à l'inflation.

« Le salaire net moyen des fonctionnaires d'État a baissé en 2013, annonçait *Le Figaro* le 27 août 2015, [...] de 0,7 % en moyenne entre 2012 et 2013, en euros constants. » « La baisse des salaires continue, complétait *La Tribune* quelques jours plus tard[1] : le salaire moyen des fonctionnaires avait déjà reculé de 0,8 % entre 2011 et 2012. » Les salariés du public ne sont pas si protégés qu'on le croit : par « ricochet », eux aussi souffrent du chômage.

---

1. *La Tribune*, 26 août 2015

6 millions de chômeurs, c'est 6 millions de familles qui doivent se serrer la ceinture : 6 millions de « bons clients » en moins pour le commerce, les restaurants et l'artisanat.

6 millions de chômeurs et des millions de pauvres, c'est aussi un manque à gagner considérable pour les caisses de retraite.

Le chômage de masse pèse très fortement sur les retraites : si, en sept ans, le nombre d'inscrits à Pôle Emploi a augmenté de plus de 70 %, pour les chômeurs âgés de plus de cinquante ans, la flambée est plus impressionnante encore : + 120 %. Leur nombre a plus que doublé[1] !

« On nous dit qu'il faut travailler plus longtemps pour avoir une retraite complète, mais on nous jette comme des vieux mouchoirs en papier à partir de cinquante-cinq ans et on nous dit qu'on est trop vieux pour trouver du travail, témoigne un homme de cinquante-six ans, tout à fait qualifié et plein d'énergie, à l'issue d'un débat public. On marche sur la tête. »

En moyenne, c'est à soixante-deux ans que les salariés partent en retraite. À cet âge, le taux d'emploi n'est que de 20 %. Quand les gouvernements successifs demandent aux salariés de travailler plus

---

1. Sans compter tous ceux qui sont sortis des statistiques. On ne le rappellera jamais assez.

longtemps, que va-t-il se passer s'ils sont déjà au chômage ou au RSA ? Il va leur manquer des trimestres de cotisation, ce qui diminuera leurs pensions pour toutes les années qui leur restent à vivre.

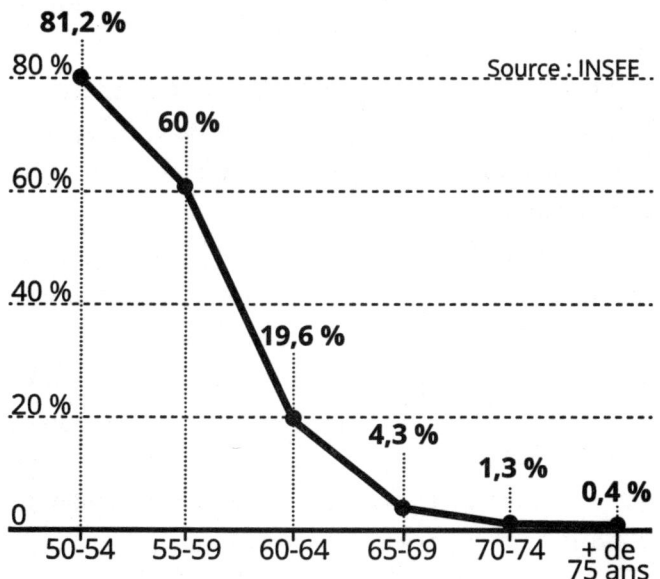

Évolution du taux d'emploi après 50 ans

« Le recul de l'âge de la retraite ne sert à rien s'il n'est pas porté remède au chômage. Cela revient à demander aux gens de travailler plus longtemps alors qu'ils manquent déjà de travail. Le vrai problème, c'est le chômage », écrivait déjà

Jean-Paul Fitoussi, président de l'OFCE, dans *Le Monde* du 6 mars 2001.

Hélas, depuis vingt ans, tous les gouvernements successifs « réforment » les retraites en exigeant des durées de cotisation de plus en plus longues sans se donner les moyens de faire reculer le chômage, ce qui a pour effet de diminuer le niveau de vie de centaines de milliers de jeunes retraités.

Le chômage gangrène vraiment toute la société : quelle est la première cause d'échec scolaire des enfants ? C'est le chômage et la précarité des parents.

Quelle est la première cause de mal-intégration des jeunes « issus de l'immigration » ? Le chômage et la précarité.

Quelle est la première cause de la délinquance qui monte dans tous nos quartiers ? Le chômage et la précarité ! « C'est le chômeur du 3e étage qui va voler la télévision de la petite vieille du 6e pour gagner 50 euros, m'explique un policier. Je ne dis pas ça pour les justifier, évidemment : c'est un délit et ça peut être très traumatisant pour la petite vieille ! Mais c'est rare qu'un gars qui a un boulot et un salaire corrects s'amuse à commettre ce genre de délits. Pour faire reculer la délinquance et l'insécurité, il faut donner les moyens d'agir à la police et à la justice, mais il faut aussi faire radicalement reculer le chômage et les petits boulots. »

Alors que certains dirigeants passent leur temps à nous diviser (les salariés qui se lèvent tôt contre les chômeurs assistés, les patrons de PME contre les salariés du public, les retraités contre les jeunes actifs…), il est fondamental de comprendre que nous sommes tous embarqués dans le même bateau et que le chômage de masse est en train de tous nous amener par le fond.

« Diviser pour mieux régner », c'est vieux comme le monde. Il faut refuser ces logiques de division. C'est ensemble que nous devons provoquer un changement radical pour faire reculer le chômage et reprendre le chemin du plein-emploi.

Nous devons aussi refuser la méthode Coué et toutes les stratégies basées sur un retour magique de la croissance.

2

Dire la vérité sur la croissance

Miser sur la croissance,
un aveuglement dramatique

Depuis quarante ans, droite et gauche confondues, tous nos dirigeants misent sur le retour de la croissance pour sortir du chômage de masse. Est-ce bien sérieux ?

Une première façon de répondre à cette question est de regarder la courbe de la croissance en France depuis 1960, décennie par décennie. L'UMP-LR et le PS misent toujours sur un retour rapide à 2 ou 2,5 % de croissance. C'est effectivement le taux nécessaire pour faire reculer le chômage si on ne change pas de modèle de développement et si on veut donner de vrais emplois aux gens[1].

---

1. Si on accepte la solution « petits boulots », une croissance à 1 ou 1,5 % peut suffire à faire reculer les chiffres officiels du chômage.

La croissance en France depuis 1960

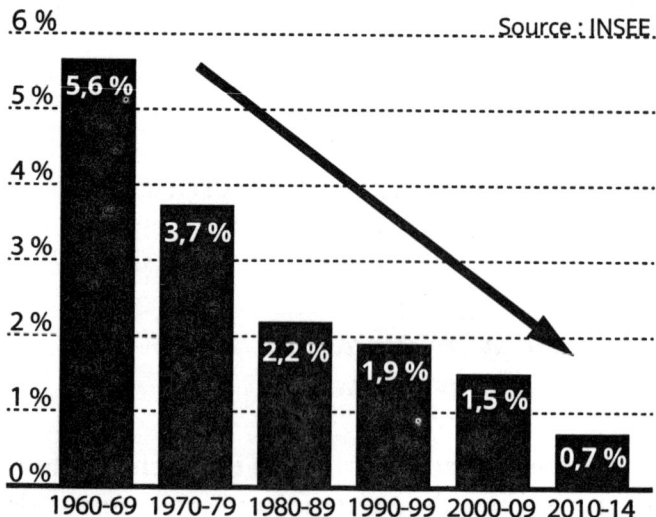

Cela fait plus de trente ans que notre pays n'atteint pas, en moyenne, les 2,5 % de croissance tant espérés. Bien sûr, il y eut quelques bonnes années : quand Lionel Jospin arrive au pouvoir en 1997, la France profite d'un contre-choc pétrolier[1] et de tous les investissements liés à la bulle Internet. La croissance est forte pendant trois ans... puis retombe.

Déjà, avant la crise des subprimes, nous étions un certain nombre à dire que miser sur la crois-

---

1. Comme quand Michel Rocard était arrivé à Matignon en 1988.

sance était irréaliste et dangereux[1]. Maintenant que cette crise a éclaté, qui peut, sans mentir, affirmer que la croissance va revenir et sera assez forte et suffisamment durable pour nous sortir du chômage de masse ?

Quand le chômage est à ce point élevé, que des millions de familles appréhendent chaque fin de mois, qui peut croire que la consommation va redémarrer ?

Un cercle vicieux, un problème planétaire

C'est un cercle vicieux : le gouvernement mise sur le retour de la croissance pour sortir du chômage, mais, tous les mois, 70 000 familles voient leurs revenus chuter fortement. Ces familles, dont le pouvoir d'achat diminue, ne peuvent évidemment que diminuer leur consommation. Quant aux autres, ceux qui gardent un revenu « normal », quelles raisons ont-ils d'être spécialement optimistes ? Quelles raisons de consommer plus s'ils ont peur de perdre bientôt leur emploi ou de voir les impôts augmenter et les retraites diminuer ? Le serpent se mord la queue : plus on attend le retour de la croissance, plus on s'enfonce dans la crise…

---

1. Voir en particulier tous les livres de Dominique Méda et Jean Gadrey.

Le constat est le même dans tous les pays industrialisés : le Japon n'a que 0,7 % de croissance en moyenne depuis vingt ans. À la fin des années 1980, tous les économistes « classiques » admiraient la forte croissance du Japon et affirmaient que ce pays allait dominer l'économie mondiale au XXIe siècle. En réalité, cette forte croissance était due à une bulle et, depuis que cette bulle a éclaté, le Japon n'arrive pas à retrouver une croissance durablement supérieure à 1 %.

La croissance au Japon entre 1985 et 2011

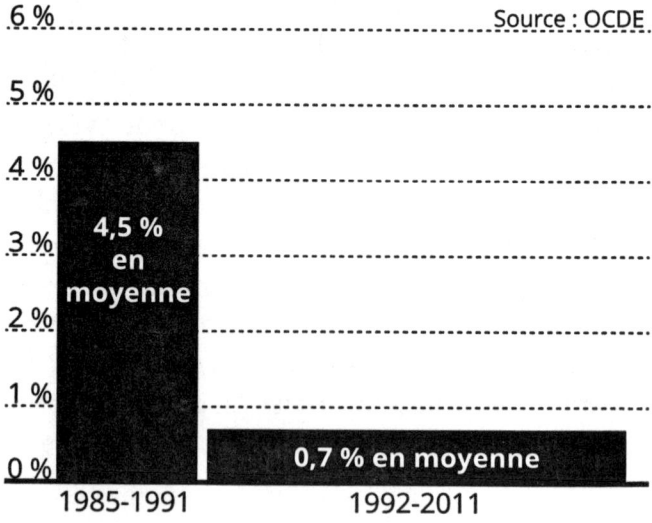

Pourtant, le Japon a tout fait pour relancer sa croissance :

Des plans de relance pharaoniques, avec un déficit moyen de 6,6 % du PIB depuis vingt ans.

Une politique de recherche très ambitieuse dans laquelle il investit chaque année 3,3 % du PIB en moyenne.

Une politique monétaire très agressive, avec des taux d'intérêt à 0 % pour muscler l'investissement et doper les exportations en faisant baisser la monnaie.

La croissance au Japon entre 1992 et 2011

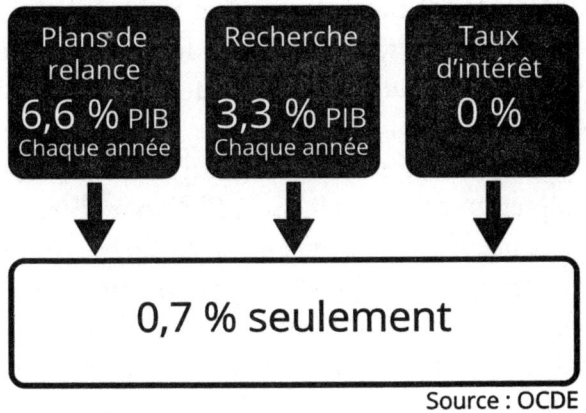

Source : OCDE

Oui, depuis vingt ans, le Japon a fait le maximum pour relancer sa croissance, mais il n'a obtenu, en moyenne, qu'un maigre 0,7 %... « Et encore !

C'est grâce aux exportations vers les États-Unis et vers l'Europe, qui, jusqu'en 2008, achetaient massivement les produits japonais, remarque un économiste. S'il n'y avait pas eu les exportations, le Japon aurait sans doute stagné à 0,0 %. Ou pire... »

À force de déficits, la dette publique du Japon a dépassé les 250 % du PIB (ce qui a provoqué la démission du président de la Banque centrale, qui ne voulait plus cautionner une telle fuite en avant), mais la croissance ne revient pas.

Désigné comme Premier ministre en décembre 2012, Shinzō Abe a mis en œuvre une politique de relance très ambitieuse qui a fait illusion pendant quelques mois. Lors de sa visite à Tokyo, le 7 juin 2013, François Hollande affirmait même que « la politique de relance du Japon devrait inspirer l'Europe ».

Peut-être regrette-t-il aujourd'hui ces propos : accepter un déficit de 9 % du PIB pour obtenir une croissance de 1,5 % seulement en 2013, ce n'était pas très glorieux. En 2014, malgré un déficit de 6 %, la croissance du pays a été nulle et celui-ci a replongé en récession en 2015. « Le PIB du Japon a reculé de 0,4 % au deuxième trimestre, plombé par la consommation des ménages, annonce *La Tribune* le 17 août 2015. C'est le second trimestre consécutif de recul de l'activité. La stratégie du Premier ministre Shinzō Abe peine à porter ses fruits. »

Un déficit de 9 % pour une croissance de 1,5 % ? Comme une voiture qui roule encore, mais a besoin d'un litre d'huile tous les trois cents mètres, un pays où il faut un déficit colossal pour maintenir une maigre croissance peut, à tout moment, casser une bielle. C'est déjà ce que nous expliquions, Joseph Stiglitz et moi, lors d'un débat public organisé en mars 2010 à Paris[1], mais le gouvernement japonais, comme tous les gouvernements « occidentaux », semble incapable de faire le deuil d'un modèle basé sur la croissance…

Pourtant, même aux États-Unis, où la Banque centrale a créé 3 500 milliards de dollars pour financer les dettes du gouvernement et favoriser la reprise[2], le débat public commence à porter de

1. Joseph Stiglitz est prix Nobel d'économie. Lors d'un débat organisé à la Grande Arche de La Défense en mars 2010, nous expliquions tous les deux que, contrairement à ce qu'affirmaient la plupart des économistes, nos pays n'étaient pas du tout sortis de la crise, mais seulement dans l'œil du cyclone. Nous montrions comment les stratégies de sortie de crise adoptées par les dirigeants occidentaux ne s'attaquaient jamais à la racine des problèmes (le triomphe des inégalités, la baisse de la part des salaires dans le PIB) et ne faisaient que repousser les changements nécessaires. Nous montrions aussi que ceux qui comptaient sur la Chine pour accroître la croissance mondiale n'avaient manifestement tiré aucune leçon de la crise de 2007-2008 : pour maintenir sa croissance, la Chine avait injecté dans son économie 30 % du PIB en crédits privés pour la seule année 2009. Une énorme bulle immobilière était en train d'enfler en Chine, qui a éclaté en 2014-2015…
2. 3 500 milliards ! 3 500 milliards créés ex nihilo. On s'habitue depuis 2008 à des chiffres incroyables. Des décisions inimaginables avant 2008, mais à l'efficacité très limitée.

plus en plus sur les limites de la croissance. Pour deux raisons fondamentales :

1. Une croissance faible. C'est un des dirigeants de la Réserve fédérale qui, en août 2015, pose la question : « Alors que nous avons mis des sommes colossales sur la table pour soutenir l'activité, est-il normal que la croissance moyenne ne soit que de 2,2 % depuis 2009 ? » Si l'on enlève l'effet de la croissance démographique (la population américaine croit de 1 % par an), elle n'est que de 1,2 % en moyenne sur les sept dernières années. Comment expliquer cette faible croissance malgré les moyens colossaux utilisés pour la booster ?

2. Un taux d'activité qui s'effondre. Le taux de chômage donne une image fausse de la situation sociale des États-Unis, car, tous les mois, il y a 200 000 ou 300 000 Américains qui renoncent à s'inscrire au chômage. Ils sont découragés, n'ont plus droit à aucune indemnité et ne voient pas l'utilité de s'inscrire. Voilà pourquoi un nombre croissant d'économistes et de citoyens affirment que le meilleur indicateur de la santé du pays est le taux d'activité – *participation rate* – qui mesure la proportion des adultes américains qui sont actifs.

Taux d'activité aux États-Unis depuis 1995

Source : Bureau of Labor Statistics
Septembre 2015

Ce taux ne cesse de baisser et a atteint cet été un plus bas historique : 62,6 %. Moins de 63 % des adultes sont actifs (actifs occupés ou actifs au chômage). « Le taux de chômage diminue à 5,1 %, mais le taux d'activité est à un plus bas historique, notait l'agence Bloomberg le 4 septembre 2015. 94 031 000 adultes vivant sur le territoire américain ne font pas partie de la population active, selon les chiffres du Bureau of Labor Statistics[1]. C'est un record absolu. »

---

1. À noter aussi que « la durée moyenne du travail est stable à 33,7 heures ». 33,7 heures ! Quand aura-t-on un vrai débat sur le marché du travail aux États-Unis ?

Cette courbe, fondamentale, devrait faire réfléchir tous ceux qui pensent qu'il suffit de « faire comme aux États-Unis » pour sortir de la crise : sortir de la zone euro et relancer la croissance par la planche à billets, comme aux États-Unis ? Supprimer une bonne partie du code du travail, comme aux États-Unis ? Baisser le coût du travail, quitte à mettre en place des assurances privées, comme aux États-Unis ? Désolé, mais ça ne marche pas ! En réalité, les États-Unis ne peuvent pas être un modèle si l'on cherche à aller vers le plein-emploi : les inégalités explosent et le taux d'activité s'effondre.

Alors, peut-on encore miser sur la croissance pour sortir du chômage ? En observant ce qui se passe en France depuis cinquante ans, en regardant ce qui se passe au Japon depuis vingt ans et en analysant ce qui s'est fait aux États-Unis depuis sept ans, on doit conclure que miser sur le retour de la croissance n'est pas sérieux. Ce n'est pas digne de nos dirigeants, qui ont tous un QI supérieur à la moyenne[1], que de continuer à nous dire que la croissance va revenir et nous sortir de la crise.

---

1. Je m'avance un peu. Aucune étude fiable n'a encore été publiée dans ce domaine...

Les dernières prévisions du gouvernement font état de 1 % pour 2015 et 1,5 % pour 2016. Soit ! C'est mieux que 0, mais une croissance si faible ne fera pas reculer le chômage.

Qui plus est, en cet automne 2015, l'optimisme du gouvernement est de plus en plus incompréhensible : le Japon n'est pas le seul pays à retomber en récession. C'est aussi le cas du Brésil et du Canada…

Non seulement le retour d'une forte croissance est une chimère, mais le plus probable est que nous allons vers une nouvelle crise, car aucun des déséquilibres qui ont provoqué celle de 2008 n'a été réglé.

« Depuis 2008, on s'est contentés de déplacer les fauteuils sur le pont du *Titanic* », regrette Joseph Stiglitz. Il a raison, hélas. Dans de nombreux pays occidentaux, les marchés financiers sont revenus à leurs niveaux d'avant la crise, ou même plus haut. Profitant de la complicité des politiques et des Banques centrales, qui ont tout fait pour les renflouer mais n'ont quasiment rien fait pour les réguler, banques et fonds de pension ont recommencé à spéculer comme si de rien n'était. La spéculation atteint des sommets alors que la dette, elle aussi, est à un niveau explosif.

Une dette explosive

Entre 2007 et 2014, l'étude publiée par McKinsey montre que l'endettement mondial a progressé de 57 000 milliards de dollars.

En sept ans, la dette de la Chine a quadruplé et dépasse maintenant celle des États-Unis.

La dette de l'ensemble des acteurs (États, ménages, entreprises) pesait l'an dernier 286 % du PIB mondial. Un niveau explosif, qui risque de peser sur la croissance.

Les Échos, 7 février 2015

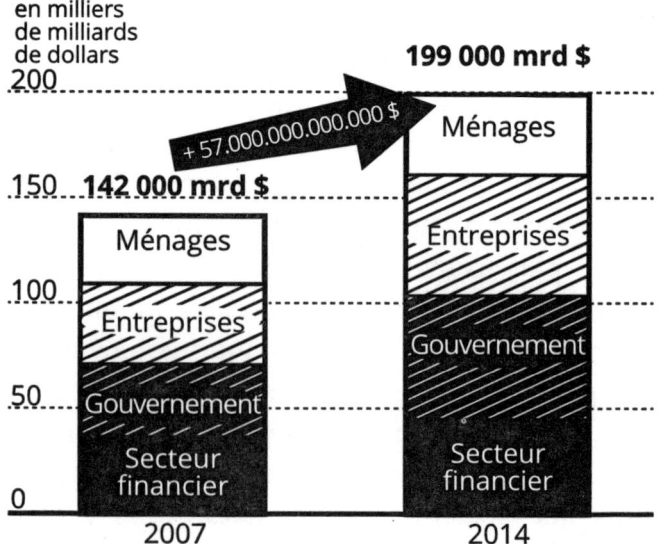

Dette totale

Source : McKinsey Global

L'étude publiée par McKinsey en février dernier a été reprise dans quasiment tous les journaux français. Mais je crois qu'aucun responsable politique n'en a parlé.

Une dette explosive ? Allons ! On a du mal à y croire. L'analyse des *Échos* semble inutilement pessimiste : Michel Sapin nous dit que nous voguons vers des rivages enchantés où tous nos problèmes disparaîtront d'eux-mêmes...

Aux États-Unis, ce sont les prêts étudiants qui suscitent aujourd'hui le plus d'inquiétude : le montant total des dettes atteint 1 200 milliards de dollars (nettement plus que les cartes de crédit ou les prêts automobiles).

Prêts étudiants : les défauts se multiplient

Le total des encours de prêts étudiants aux États-Unis a triplé en dix ans, pour frôler les 1 200 milliards de dollars.

À fin juillet, près de 7 millions d'emprunteurs avaient en outre cessé de rembourser depuis au moins un an [...]. Ceux-ci représentent désormais 17 % du total des emprunteurs. [...]

La crise des prêts étudiants américains
Évolution des encours de crédit

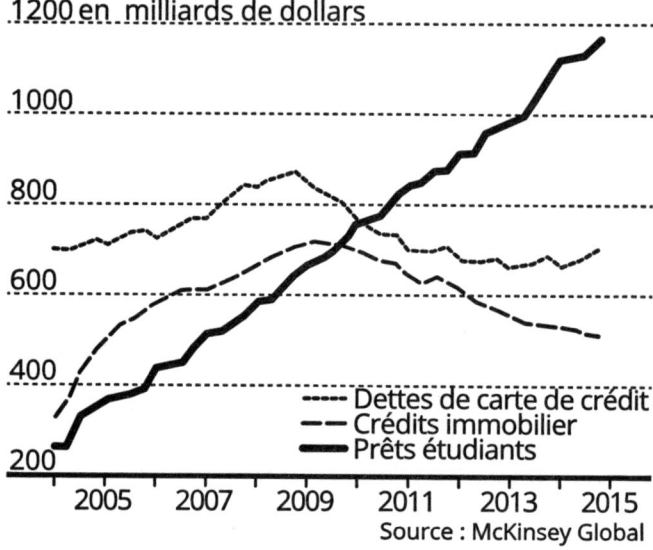

Source : McKinsey Global

La part de la dette étudiante dans le PIB a plus que doublé en dix ans [...]. La dette moyenne par étudiant est ainsi passée d'un peu plus de 15 500 dollars en 2005 à 24 800 dollars à fin 2012.

Elsa Conesa
Les Échos, 27 août 2015

Au Canada, le seul pays où la bulle immobilière n'avait pas encore éclaté et où la dette privée continuait à alimenter la croissance, beaucoup s'inquiètent aujourd'hui des effets de la baisse des prix du pétrole. Le pays vient d'annoncer qu'il est en récession et nul ne sait si cela sera une petite récession ou si la baisse des revenus entraînée par la baisse du prix du pétrole (le pays est un grand exportateur d'énergie et souffre fortement de la baisse des prix imposée par les pays arabes) va être le grain de sable qui fait dérailler l'ensemble de l'économie.

La dette des ménages représente plus de 90 % du PIB au Canada, contre 45 % seulement en France. C'est « grâce » à l'accroissement de cette dette, qui n'a pas cessé depuis vingt ans, que le Canada a traversé indemne la mise en œuvre de politiques d'austérité, puis la crise de 2008. Va-t-il payer aujourd'hui les conséquences de cette fuite en avant ?

États-Unis et Canada ne sont pas les seuls pays où le niveau de dette privée est excessif : le FMI s'inquiète aussi du niveau de dette privée en Thaïlande, en Malaisie, aux Pays-Bas, en Corée, en Suède et en Australie... Autant d'étincelles qui peuvent, à n'importe quel moment, mettre le feu aux poudres.

Mais c'est en Chine que la situation est la plus instable : « Pour étancher sa soif, la Chine a bu du poison », affirmait déjà Xu Xiaonian, professeur à la China Europe International Business School, le 10 septembre 2009, alors que le

Premier ministre Wen Jiabao venait lui-même d'avouer que « le rétablissement chinois n'était ni stable, ni solide, ni équilibré[1] ». Mais, malgré tous les indicateurs qui annonçaient depuis des années l'instabilité croissante de la Chine, toutes nos élites faisaient semblant de croire que tout allait bien et que ce pays allait durablement tirer la croissance mondiale.

Depuis quelques mois, le mensonge n'est plus possible, car la Chine fait parler d'elle toutes les semaines à cause de la crise qui secoue ses marchés financiers. Cette crise financière n'est que la partie visible de l'iceberg : les déséquilibres accumulés en Chine sont plus globaux et peuvent avoir des conséquences bien plus graves que celles, déjà néfastes, d'une simple crise financière...

---

1. Cf. *La gauche n'a plus droit à l'erreur, op. cit.*, page 57 et suivantes.

3

Dire la vérité sur la Chine

Quand la Chine explosera...

Après avoir gagné près de 150 % en un an, la Bourse de Shanghai a perdu la moitié de sa valeur en quelques semaines. Près de 4 000 milliards de dollars sont partis en fumée. 4 000 milliards : deux fois le PIB de la France !

Mais, officiellement, tout va bien : la Banque centrale et le gouvernement chinois contrôlent la situation et certains pensent que cette crise financière n'est qu'un retour à la normale après quelques trimestres de folie : « La Banque centrale a accumulé assez de devises pour renflouer les banques qui ont fait des pertes. Quelques millions de petits porteurs vont être de leur poche, mais rien de grave ! », pouvait-on entendre début septembre. Malheureusement, pour les Chinois et pour tous les habitants de notre planète, on peut craindre que cet optimisme ne soit pas justifié.

La Chine est en effet l'un des pays les plus instables de la planète. L'élément le plus robuste dans toutes nos économies est ce qu'on appelle « les dépenses des ménages » : la consommation de M. et Mme Tout-le-monde représente 60 % de l'économie en Europe. Elle représente aussi 60 % du PIB en Inde et 70 % aux États-Unis, mais seulement entre 30 et 35 % du PIB en Chine, car des millions de Chinois vivent avec des salaires indécents et n'ont pas de quoi consommer correctement.

Les dépenses des ménages dans le PIB

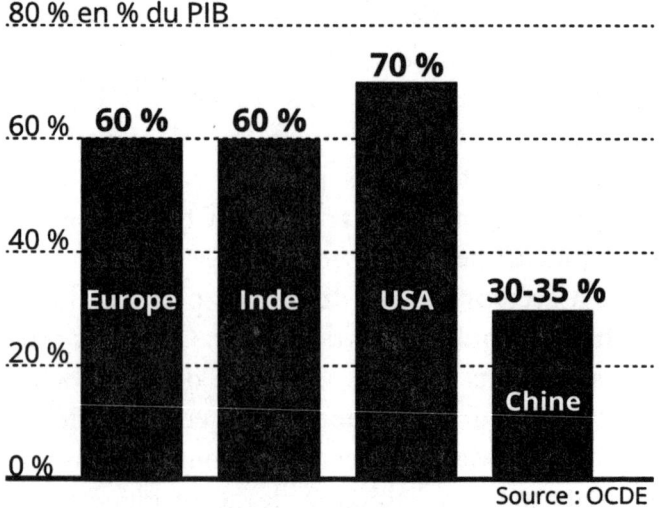

Source : OCDE

30 ou 35 % seulement du PIB assuré par la consommation des ménages, voilà pourquoi, depuis vingt ans, l'économie de ce pays est tellement dépendante des exportations.

Début 2009, quand les exportations vers les pays occidentaux s'effondrent, le gouvernement veut absolument éviter la récession. Au lieu d'améliorer les revenus des salariés (ce qui est toujours l'objectif officiel, mais dont la mise en œuvre est en permanence remise à plus tard), Pékin veut booster l'investissement et ordonne aux banques d'accepter toutes les demandes de crédit qui leur parviennent.

En un an, on va injecter dans l'économie 44 % du PIB : 30 % par le crédit privé et 14 % par la dette publique. Et le mouvement s'est poursuivi en 2010 et 2011. Partout, on a construit, construit...

Un village chinois s'offre un immeuble plus grand que la tour Eiffel

Le village chinois de Huaxi a fêté ses cinquante ans en inaugurant une tour de 328 mètres de haut [...]. Au sommet de l'immeuble, un hôtel 5 étoiles abrite une statue d'un bœuf d'une tonne d'or.

Le Figaro, 10 octobre 2011

« C'est en même temps Babel et le Veau d'or »,
commentait *Libération* le même jour. Mais le
délire de surpuissance et la fuite en avant ont des
limites : dans de nombreuses régions, en 2013 et
surtout 2014, la bulle immobilière a commencé
à exploser et les prix ont commencé à diminuer.
Partout, aujourd'hui, il y a pléthore d'immeubles
vides : « Dans la banlieue de Shanghai, j'ai fait
un kilomètre en ne voyant que des immeubles
vides, témoigne un ami qui revient de Chine. Des
immeubles immenses et vides. Partout. C'est très
impressionnant. »

Dette des pays émergents

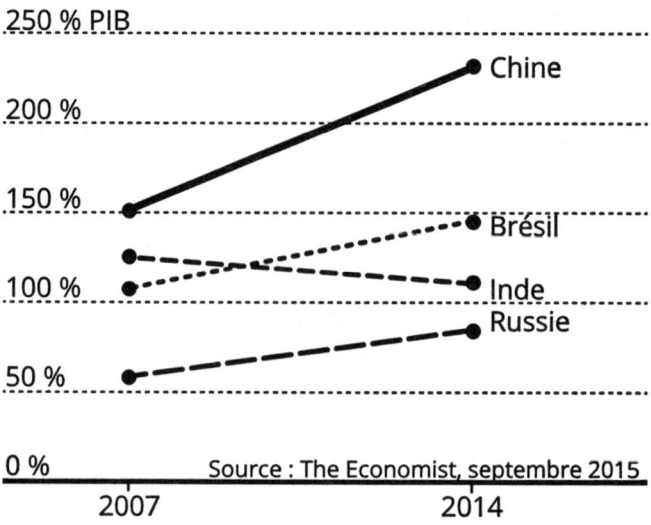

Officiellement, tout est sous contrôle : la Chine connaît un ralentissement maîtrisé. « La croissance passe de 7,4 à 7,3 % », annonce sans rire la direction de l'équivalent de l'Insee à Pékin en septembre 2015. En réalité, l'atterrissage est nettement plus violent que Pékin ne veut l'admettre.

Le gouvernement peut enjoliver les chiffres officiels du PIB, mais il ne peut pas maquiller les chiffres du fret ferroviaire, qui sont un bon reflet de l'activité industrielle : ils ont plongé de 14 % en un an, alors qu'ils n'avaient chuté que de 6 % en 2009.

Volume de fret ferroviaire en Chine

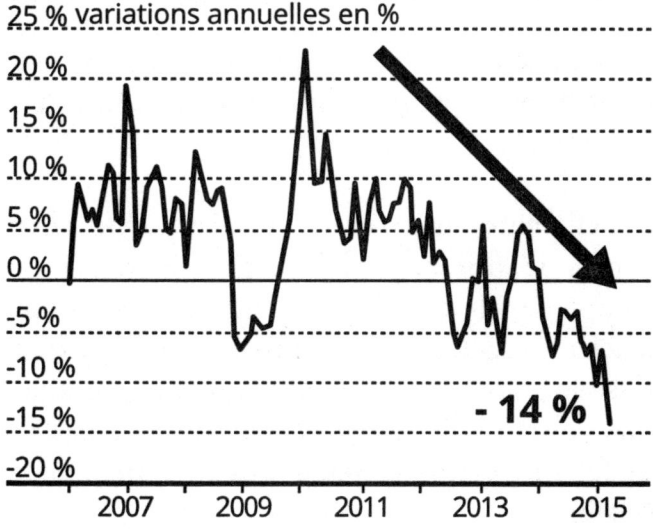

Comment expliquer que le volume des marchandises transportées par le train baisse de 14 % en un an si l'activité continue à croître de 7 % ? C'est étrange. Un autre indicateur que Pékin ne peut pas enjoliver : les importations de l'étranger vers la Chine, qui reculent nettement depuis le début 2015.

**Évolution des importations
de la Chine (en glissement annuel)**

Mars 2015	Avril 2015	Mai 2015	Juin 2015	Juillet 2015	Août 2015
– 12,7 %	– 16,2 %	– 17,6 %	– 6,1 %	– 8,1 %	– 14,2 %

Comment expliquer que les importations reculent de 14 % si la croissance se maintient à + 7,3 % ?

Les ventes de voitures reculent elles aussi depuis le printemps 2015. Et « la tonne de choux est devenue plus chère qu'une tonne d'acier », s'amuse un économiste sur Twitter : c'est le signe que la demande s'effondre alors que l'offre d'acier est trop abondante (le besoin de ferraille diminue quand la bulle immobilière éclate).

« Le stock de logements vides correspond à cinq années de vente, explique Jean-Luc Buchalet, un des meilleurs spécialistes de la Chine[1]. Dans certaines régions, le marché de l'immobilier est tellement bloqué que le gouvernement propose d'acheter les logements invendus. Mais avec une décote de 50 %... »

On a vu en Espagne ce que donne l'éclatement d'une énorme bulle immobilière : le chômage a triplé en trois ans et les manifestations de chômeurs et de précaires ont poussé le Premier ministre José Luis Zapatero à démissionner. En Chine, les dirigeants n'ont aucune envie de démissionner. Les nombreuses démonstrations de force de l'armée chinoise et les déclarations belliqueuses des dirigeants montrent qu'il existe un risque de dérive autoritaire, voire de déclenchement d'une « guerre de diversion ».

Quels seront, en Chine, les effets d'une récession ? Il n'y a pas de couverture sociale pour les chômeurs : pas d'allocation chômage, pas de RMI, pas de couverture santé... Les tensions montent entre la Chine et certains de ses voisins (Taïwan, le Japon). Les tensions montent au Tibet. Et le budget militaire de la Chine a quadruplé en quinze ans ! Sommes-nous sûrs que ce qui s'est passé en

---

1. *La Chine, une bombe à retardement*, Jean-Luc Buchalet et Pierre Sabatier, Eyrolles, 2012.

Allemagne entre 1929 et 1945 ne peut pas se reproduire en Chine dans les vingt ans qui viennent ?

Taïwan jouera au XXIᵉ siècle le rôle qu'a joué l'Alsace-Lorraine

« Taïwan jouera au XXIᵉ siècle le rôle qu'a joué l'Alsace-Lorraine au siècle dernier, écrivait Thérèse Delpech dans *L'Ensauvagement*[1]. Après les Jeux olympiques de 2008 et à un moment où le ralentissement de la croissance chinoise poserait des problèmes sociopolitiques majeurs, la Chine pourrait lever ce qui lui reste d'inhibition tant vis-à-vis de Taïwan que du Japon. [...] Le Japon a déclaré en février 2005 qu'il ne serait pas inactif dans l'hypothèse d'un conflit entre la Chine et Taïwan. »

Dans *Quand la Chine change le monde*, Erik Izraelewicz citait un propos entendu à Pékin sous le sceau de l'anonymat : « Le XIXᵉ siècle a été pour la Chine celui de l'humiliation, le XXᵉ celui de la restauration, le XXIᵉ sera celui de la domination[2]. »

---

1. *L'Ensauvagement. Le retour de la barbarie au XXIᵉ siècle*, Thérèse Delpech, Grasset, 2005. Thérèse Delpech était la conseillère d'Alain Juppé pour les questions géostratégiques entre 1993 et 1995. Elle est décédée en janvier 2012.
2. *Quand la Chine change le monde*, Erik Izraelewicz, Grasset, 2005.

Cette volonté de domination d'une partie des Chinois n'est pas totalement étonnante : ils ont en mémoire les horreurs commises par les Japonais quand ils ont envahi la Chine durant la Seconde Guerre mondiale. « La Chine fut parsemée de milliers d'Oradour dont bien peu connaissent les noms, écrit Jean-Louis Margolin[1], spécialiste de cette époque. Les Japonais n'admettaient pas qu'on leur résiste. Les partisans chinois capturés étaient systématiquement promis à la mort, généralement après avoir été torturés. »

Les Chinois affirment que 35 millions des leurs furent victimes de la terreur nippone. Et certains continuent à penser que l'affront subi par leur pays durant l'invasion japonaise n'a pas encore été lavé. Pour un grand nombre de spécialistes de cette région, il est évident que, en cas de crise sociale aiguë, une dérive nationaliste de la Chine ne peut pas être exclue : quand la crise sociale est trop grave et que les dirigeants sont incapables d'y faire face, déclencher une guerre contre le pays voisin ou contre une partie du territoire qui veut faire sécession est un bon moyen de ressouder l'unité nationale et d'assouvir le besoin de violence.

---

1. Cf. *L'Armée de l'empereur. Violences et crimes du Japon en guerre 1937-1945*, Jean-Louis Margolin, Armand Colin, 2007.

L'Allemagne était une grande nation, qui avait donné au monde des philosophes et des musiciens parmi les plus brillants. Cela ne l'a pas empêchée de basculer dans la barbarie.

**Évolution des dépenses militaires
entre 2000 et 2010[1]**

Chine	+ 189 %
Russie	+ 82 %
États-Unis	+ 82 %
France	+ 3,3 %
Japon	− 1,7 %
Allemagne	− 2,7 %

La situation politique en Chine est « très, très délicate », affirmait le 18 janvier 2012 l'ambassadeur américain à Pékin. « Le peuple se sent de plus en plus frustré par les agissements du gouvernement, la corruption, le manque de transparence et les problèmes qui les affectent au quotidien et dont ils ont le sentiment qu'ils sont négligés[2]. »

---

1. Source : 48ᵉ conférence sur la sécurité de Munich, 3-5 février 2012.
2. Gary Locke sur la radio NPR cité par Slate.fr.

Il y a trois ans, quand Michel Rocard et moi commencions notre livre par un épisode de politique-fiction (« La Chine envahit Taïwan »), beaucoup nous trouvaient trop pessimistes. Aujourd'hui, plus personne ne peut prendre le risque à la légère. Et ce ne sont pas les alertes qui ont manqué ces dernières années :

Faut-il craindre un Lehman Brothers chinois ?

Le syndrome Lehman Brothers, voilà ce qui hante actuellement les investisseurs à propos de la Chine. [...]

Le quotidien de la City[1] en a fait sa une après avoir révélé que le producteur d'acier Haixin était incapable de rembourser des échéances de prêts. [...]

« L'endettement des entreprises n'a cessé d'augmenter, au point qu'il représente 130 % du PIB chinois. En y ajoutant les engagements auprès du système bancaire parallèle, le chiffre monte à 200 % du PIB. »

Le Point.fr, 17 mars 2014

Pékin pousse ses porte-avions en mer de Chine

Pékin a entamé la construction d'un deuxième porte-avions, qui devrait être achevé en 2016, et a l'intention d'en mettre au moins deux autres en chantier [...].

---

1. Le *Financial Times*.

La Chine serait aussi en train de construire une seconde base de porte-avions à Yulin, dans le sud-ouest de l'île de Hainan. […] En manifestant sa présence dans la zone, la République populaire espère démontrer qu'elle est la puissance dominante dans la région […].

Patrick Saint-Paul,
Le Figaro, 21 janvier 2014

La Chine augmente de 12,2 % son budget militaire

La Chine mobilise désormais plus de 300 milliards de dollars pour son armée, la plus grande du monde avec 2,3 millions de soldats. Ceci notamment en raison du programme spatial contrôlé par les militaires et de l'entretien de son arsenal nucléaire. […]

Le budget militaire de la Chine a été dévoilé au jour d'ouverture de la session plénière de l'Assemblée nationale populaire. « Nous avons intensifié les préparatifs de combat », a rappelé le Premier ministre sortant Wen Jiabao […]. « Nous sauvegarderons avec fermeté notre souveraineté, notre sécurité et notre intégrité territoriale », a-t-il promis pour l'avenir.

AFP, 6 mars 2014

Japon : les USA renforcent leur présence militaire

Deux destroyers supplémentaires de l'US Navy équipés de systèmes de défense antimissiles seront déployés au Japon d'ici 2017, a annoncé dimanche le secrétaire américain à la Défense, Chuck Hagel, en visite à Tokyo.

Reuters, 6 avril 2014

La parade militaire de tous les superlatifs

Avec 12 000 soldats, 500 engins et près de 200 avions et hélicoptères [...], Pékin a soigné la mise la scène de cette parade célébrant les soixante-dix ans de la victoire contre le Japon. C'est la première fois que la Chine fêtait ainsi la défaite du Japon.

Le président Xi Jinping a fait montre de la puissance de l'arsenal militaire du pays, en présentant plus d'une douzaine de missiles balistiques qualifiés de « tueurs de porte-avions » par la presse chinoise.

Le porte-avions est le navire sur lequel repose traditionnellement, depuis la Seconde Guerre mondiale, le symbole de la puissance américaine.

Marlène Alibert,
La Croix avec AFP, 3 septembre 2015

« La prochaine crise risque d'être plus grave que celle de 1930 », affirmait en octobre 2011 le gouverneur de la Banque d'Angleterre[1].

---

1. Mervyn King, gouverneur de la Banque d'Angleterre, sur Sky News le 6 octobre 2011.

La crise de 2007-2008 a commencé aux États-Unis, mais elle s'est transformée en quelques semaines en une crise mondiale. Comment se fait-il qu'en 2015 nos débats soient redevenus tellement franco-français ?

En septembre 2011, Jean-Pierre Jouyet, président de l'Autorité des marchés financiers, affirmait que nous étions face au « risque d'un effondrement de l'ensemble du système économique mondial ». « Nous devons prendre des mesures urgentes au niveau international », ajoutait-il, en espérant que « les Européens, les Américains et le Fonds monétaire international (FMI) vont au moins arriver à émettre un diagnostic partagé[1] ».

Quatre ans plus tard, alors que Jean-Pierre Jouyet est devenu le bras droit du président de la République, non seulement nos dirigeants n'ont mis en œuvre aucune des mesures urgentes qu'il demandait en 2011, mais ils ne sont même pas capables de construire ce diagnostic partagé sans lequel il est impossible d'agir.

---

1. France-Inter, le 23 septembre 2011.

Un incroyable aveuglement

Nos dirigeants semblent totalement dépassés : incapables d'anticiper la crise des subprimes, ils sont incapables aujourd'hui de proposer un diagnostic juste de la situation et incapables, du coup, d'apporter des solutions concrètes, à la hauteur des enjeux. En mai 2011, le G8 réuni à Deauville n'a pas consacré une minute à la question de la crise financière. Pas une minute ! Comme si les problèmes étaient réglés. Le G20 de septembre 2013 a lui aussi fait l'impasse sur tous les problèmes de régulation économique et financière. *Idem* en 2014 et en 2015...

« Le système politique et les institutions sont débordés par la complexité qu'ils doivent affronter. Le monde souffre d'un syndrome de burn-out mondial, affirmait le 19 janvier 2012 le président du Forum économique mondial de Davos, Klaus Schwab. Lorsqu'un individu manifeste des signes de burn-out, il faut s'inquiéter. Mais lorsque la société au complet présente de tels signes, c'est vraiment terrifiant. »

Au lieu de calmer le jeu, au lieu de proposer aux citoyens une stratégie de sortie de crise argumentée, cohérente et efficace, nos dirigeants contribuent à nourrir le désarroi général par leur fébrilité, leur inefficacité et leur impréparation.

C'est une des raisons fondamentales pour lesquelles nous avons créé Nouvelle Donne : permettre à tous les citoyens de comprendre la gravité de la situation et nous rassembler pour imposer des solutions à la hauteur des enjeux.

Dans le contexte actuel, miser encore sur la croissance serait faire preuve d'un aveuglement inexcusable. Nul ne sait quand va se déclencher la prochaine crise : le gouvernement chinois fait tout pour calmer le jeu sur les marchés financiers et relancer l'activité économique :

Les dépenses publiques chinoises en hausse de 26 % en août

Les dépenses publiques chinoises ont augmenté de 26 % le mois dernier par rapport à août 2014, a annoncé mardi le ministère des Finances. Sur les huit premiers mois de l'année, les dépenses publiques ont progressé de 15 % par rapport à 2014.

La baisse des taux d'intérêt ayant moins d'efficacité pour relancer l'activité économique, Pékin accroît ses investissements pour stimuler une croissance qui marque le pas.

Reuters, 15 septembre 2015

L'État central augmente très fortement ses dépenses, et les collectivités locales sont fortement incitées à accepter n'importe quel projet d'investissement (même inutile) qui pourrait donner du travail à quelques dizaines ou quelques centaines de personnes. Le recul de l'activité lié à la fin de la bulle immobilière est colossal, mais, vu la grogne sociale qui monte, le gouvernement va évidemment tout faire pour contrer cette récession. Et la Chine est un pays trop peu transparent et trop peu démocratique pour qu'on puisse facilement imaginer ce qui va se passer dans les prochains mois. La dette totale du pays atteindra bientôt 250 % du PIB. Après tout, rien n'interdit de monter à 300 % ou plus... Nul ne peut dire si l'effondrement est pour demain ou si la fuite en avant peut continuer. Mais nul ne peut croire que le système économique mondial est stable.

Longmay annonce 100 000 licenciements

Le groupe minier Longmay est rattrapé par la crise. Le groupe qui emploie 240 000 salariés va couper 40 % de ses effectifs dans les trois prochains mois.

AFP, 27 septembre 2015

Une crise suicidaire

« Le capitalisme vit une crise suicidaire pour l'humanité, affirmait Michel Rocard en juillet 2007.

Nous autres, socialistes, devrions être bien placés pour apporter des solutions. »

Huit ans plus tard, rien n'a changé. Ou en pire ! Et les socialistes n'ont pas apporté le début d'une solution. Plutôt que de s'attaquer aux racines de la crise, plutôt que de changer radicalement un système économique que tous disaient vouloir transformer de fond en comble, nos dirigeants ont continué la fuite en avant et joué les autruches. Jusqu'à quand cette fuite en avant est-elle durable ? « Jusqu'ici tout va bien, nous allons vers des rivages qui nous permettront... » Jusqu'à quand peut-on tirer sur l'élastique sans qu'il casse ?

Deux stratégies radicalement différentes sont théoriquement possibles pour les dirigeants de nos pays :
— soit on pense que la crise est bientôt finie et que la croissance va revenir, dans ce cas on peut se contenter de mettre quelques rustines pour éviter l'explosion sociale ;
— soit on pense que nous avons un temps limité avant qu'éclate la deuxième crise, et il faut agir avec force et rapidité pour :
1° limiter l'ampleur de cette crise ;
2° protéger les peuples de ses conséquences ;

3° renforcer la cohésion sociale et l'unité politique de nos sociétés tout en construisant un nouveau modèle de développement.

C'est à cette stratégie que Nouvelle Donne vous demande de vous associer :

Tout faire pour mettre en œuvre le plus vite possible cinq mesures d'urgence pour stopper l'hémorragie et nous protéger contre cette crise qui vient, puis, très vite, changer de modèle de développement pour nous attaquer à la racine des problèmes.

III

Plan d'urgence

Est-il possible d'inverser la courbe du chô-mage ? Est-il possible de l'inverser « pour de vrai » ? Faire reculer le chômage, dans les six mois qui viennent ? Sans magouiller les chiffres et de façon nette et durable ? Alors que ni Sarkozy ni Hollande n'ont été capables de le faire ?

Est-il possible de rompre avec le sentiment d'impuissance qui mine notre pays ? Malgré la croissance 0 et les contraintes des traités euro-péens, malgré toutes les erreurs accumulées depuis 2012, est-il possible encore de redon-ner du souffle à une politique qui en manque cruellement ?

Nouvelle Donne propose un plan d'urgence : cinq réformes, qui forment un ensemble cohérent et peuvent être adoptées en quelques semaines. Elles permettront de stopper l'hémorragie des licenciements, de protéger notre pays de la prochaine crise financière et de lancer la création de 500 000 emplois sans coûter un euro aux finances publiques, puisqu'il s'agit « seulement » d'utiliser autrement des sommes déjà existantes.

1

Protéger les salariés,
éviter les licenciements

Il existe au Canada un système simple qui permet de diminuer très nettement le nombre de licenciements : quand une entreprise connaît une chute d'activité, au lieu de licencier des salariés, elle garde tout le monde, elle baisse le temps de travail et baisse les salaires (pour rester compétitive), mais les salariés reçoivent immédiatement un deuxième chèque qui vient de l'équivalent de l'Unedic et de l'État, et permet de maintenir la quasi-totalité de leur revenu.

LE VRAI DU FAUX

Pierre LARROUTUROU dit-il vrai sur la lutte contre le chômage au Canada ?

L'économiste de Nouvelle Donne affirme qu'au Canada, quand une entreprise a 20 % de salariés en trop, au lieu de licencier 20 % des gens, elle baisse le

temps de travail de 20 % et baisse les salaires. Mais il y a un chèque qui arrive de l'Assurance chômage et de l'État. Les gens gardent 95 % de leur revenu.
Vrai ou faux ?
C'EST VRAI.

France Info, 12 mai 2014

Le système canadien a été mis en œuvre aussi en Allemagne après la crise de 2008. L'Allemagne a connu en 2009 une récession deux fois plus grave que notre pays, car elle a subi de plein fouet l'effondrement de ses exportations. Pourtant, entre 2009 et 2011, malgré un choc économique deux fois plus fort, le chômage a augmenté trois fois moins en Allemagne qu'en France[1].

Récession et chômage
en France et en Allemagne

	Récession en 2009	Évolution du chômage entre 2009 et 2011
Allemagne	– 4,6 %	+ 220 000 chômeurs
France	– 2,3 %	+ 600 000 chômeurs

1. Alors que le nombre de salariés allemands est plus important que le nombre de salariés français.

Comment expliquer ce « miracle » ? Les syndicats allemands sont allés voir Angela Merkel pour exiger que le licenciement devienne un dernier recours et que la règle générale soit de garder le maximum de salariés, le maximum de compétences dans l'entreprise en développant le *Kurzarbeit*.

Le *Kurzarbeit* ? « Travail court » ou « travail à temps adapté ». Le principe est le même qu'au Canada : au lieu de licencier 20 % des effectifs, une entreprise qui voit baisser son chiffre d'affaires de 20 % va baisser son temps de travail de 20 % et garder tous les salariés. Le salaire baisse, mais l'État maintient 95 ou 98 % du revenu (98 % si le temps libéré sert en partie à la formation des salariés).

Comment fait l'État pour financer ce complément de revenu ? En fait, maintenir le revenu d'un salarié dont le temps de travail a été diminué ne revient pas plus cher que de financer un chômeur, si l'on tient compte de tous les coûts induits par le chômage et des pertes de rentrées fiscales et sociales qui sont liées à la perte d'emploi...

En janvier 2011, le ministère du Travail allemand a rendu public un bilan assez complet du *Kurzarbeit* : il a bénéficié à 1 500 000 salariés, qui, en moyenne, ont vu leur temps de travail diminuer de 31 %. Ce système a permis à l'Allemagne d'encaisser une récession très forte avec une augmentation assez limitée du chômage. De ce fait, le *Kurzarbeit* a également permis de maintenir la croissance allemande à un niveau légèrement supérieur à la croissance française, car la consommation intérieure résistait mieux que dans notre pays, où, tous les mois, 60 000 ou 70 000 foyers voient leurs revenus nettement diminuer.

1 500 000 bénéficiaires en Allemagne, 50 000 en France...

En France, il existe un système de « chômage partiel » dont le principe ressemble au système canadien, mais il reste trop peu utilisé (50 000 salariés seulement en bénéficient en juin 2015), car il est complexe et c'est à l'entreprise en difficulté d'avancer la trésorerie.

Si l'on pense que le monde entre dans une nouvelle récession ou, *a minima*, dans une période de croissance très faible, il est vital pour notre cohésion sociale de tout faire pour limiter les licenciements. Il faut s'inspirer au plus vite de ce qui a été fait au Canada et en Allemagne depuis 2008. « *Travailler moins pour licencier moins* » : si nous avions mis en œuvre cette règle de bon sens depuis 2008, nous aurions au minimum 1 000 000 de chômeurs en moins.

Attention ! Il ne s'agit pas ici d'idéaliser les modèles allemand et canadien : dans les deux cas, tout a été fait pour protéger l'emploi industriel, mais, dans le même temps, la précarité continuait d'augmenter fortement dans le reste de l'économie.

Attention encore : il ne faut pas confondre le *Kurzarbeit* mis en œuvre en 2009-2010 avec les réformes Hartz votées en 2004. Les réformes Hartz ont été synonymes d'accroissement dramatique de la précarité par la multiplication des mini-jobs et de fortes baisses de salaire pour un très grand nombre de salariés allemands : la baisse de revenus est estimée en moyenne à 7 %[1].

Hartz 4 et Kurzarbeit
Apprenez à les reconnaître

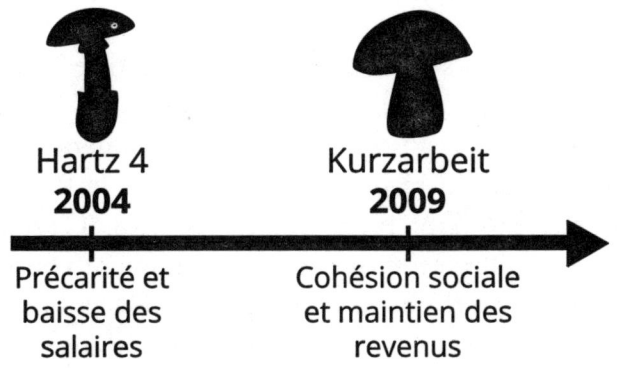

---

1. Voir le chapitre consacré aux « Limites du modèle Schröder » dans *La gauche n'a plus droit à l'erreur, op. cit.*

Les réformes Hartz ont été mises en œuvre en 2003-2004 par le gouvernement Schröder et contre l'avis de la plupart des syndicats, alors que le *Kurzarbeit* a été mis en œuvre en 2009-2010 par le gouvernement Merkel, à la demande des syndicats.

En mai 2013, j'avais présenté ce système de sauvegarde de l'emploi à Jean-Marc Ayrault. Je lui avais donné le document de deux pages, très simple, qu'il suffit aux entreprises canadiennes de remplir pour bénéficier de cette assurance contre les licenciements. Nous en avions parlé un moment et il avait donné les deux pages à son conseiller social, Christophe Devys, pour qu'il les fasse traduire en français et demande aux partenaires sociaux de s'emparer du sujet au plus vite.

Quelques semaines plus tard, rencontre à l'Élysée avec le conseiller social du président, Michel Yahiel : à lui aussi, je donne le document canadien, et je lui raconte l'entretien avec le Premier ministre. « Très bien, m'interrompt-il. C'est un sujet important et qui peut être vraiment consensuel. Le système du chômage partiel en France, c'est encore une usine à gaz. Il faut avancer vers quelque chose de très simple et très rapide à mettre en œuvre. C'est très bien si Jean-Marc s'en occupe. »

C'était en juillet 2013. Depuis, le nombre de chômeurs a augmenté de plus de 600 000... Au printemps 2015, un de mes amis, patron de PME, a mis en place du chômage partiel pour éviter un ou deux licenciements dans son entreprise. Dans les premières semaines, c'est lui qui a dû continuer à payer plein pot les salariés, ce qui n'a rien d'évident pour une entreprise en difficulté, et, au moment où il espérait être enfin remboursé des sommes avancées, on lui a dit qu'il avait eu tort d'envoyer les documents par la poste ; il aurait dû remplir une fiche sur un site Internet. Cinq mois plus tard, il n'est toujours pas remboursé et vient d'annoncer à ses salariés que l'entreprise allait vers un dépôt de bilan...

Le système canadien doit devenir la règle en France. Aucune entreprise ne devrait pouvoir licencier si elle n'a pas d'abord baissé le temps de travail de l'ensemble de ses salariés en maintenant l'essentiel des revenus, avec l'aide de l'Unedic et de l'État.

2

Lutter contre la spéculation, séparer les banques de dépôt et les banques d'affaires

« La prochaine crise risque d'être plus grave que celle de 1930 », affirmait Mervyn King, gouverneur de la Banque d'Angleterre, en 2011. On l'a dit plus haut : la spéculation sur les marchés financiers atteint à nouveau des sommets extravagants. Pire qu'en 2008. Et, en cet automne 2015, l'instabilité des marchés est très grande. À tout moment, une nouvelle crise peut éclater. En mars 2015, les autorités américaines affirmaient que les risques pris par certaines banques mettaient en danger l'ensemble du système économique mondial.

Pour nous protéger d'un nouveau tsunami financier, il faut absolument séparer les banques de dépôt, qui reçoivent et gèrent les dépôts d'argent des particuliers, des banques d'affaires, qui spéculent sur les marchés financiers. Cette séparation fut la règle pendant soixante ans : Paribas, banque d'affaires, n'avait pas le droit de spéculer avec l'argent de monsieur Tout-le-monde déposé à la BNP, banque de dépôt. Ces banques étaient totalement distinctes. Mais, dans les années 1990, les lobbies bancaires ont obtenu que les banques d'affaires puissent jouer avec l'argent des banques de dépôt. Et donc avec la garantie de l'État... BNP et Paribas sont devenues BNP-Paribas.

Les banques françaises sont farouchement hostiles à la séparation des activités bancaires. On les comprend : elles n'ont aucune envie d'être privées ni de l'accès gratuit aux dépôts des particuliers gérés par les banques de détail, ni de la garantie de l'État !

« *Pile je gagne, face tu perds* » : quand une banque d'affaires gagne des milliards, ils profitent aux traders, aux cadres dirigeants et aux actionnaires. Par contre, si une banque d'affaires perd des milliards, elle va se retourner discrètement vers le gouvernement : « Vous ne pouvez pas nous laisser faire faillite, sinon tous les clients de la banque de dépôt seront ruinés... »

Pour éviter la séparation (qui était l'un des engagements les plus forts du discours du Bourget en 2012), pour rassurer le gouvernement et les députés, les banques françaises affirment qu'elles sont trop grosses pour tomber. « *Too big to fail* », comme AIG, le numéro 1 mondial de l'assurance, qui se disait lui aussi « trop gros pour tomber », jusqu'en 2008, quand cette gigantesque entreprise a fait défaut et que le président Obama a dû trouver 182 milliards de dollars pour que sa chute ne conduise pas à un effondrement de toute l'économie américaine ?

Comment François Hollande trouvera-t-il 180 milliards ?

Que se passerait-il si François Hollande devait un jour trouver 180 milliards d'euros pour limiter les conséquences de la chute de BNP-Paribas ou d'une autre grande banque française ?

Une première loi bancaire a été votée en 2013. Mais, de l'avis de tous les observateurs, elle n'a abouti à aucune séparation réelle des banques. Le patron de la Société générale avouait à l'époque que moins de 1 % de ses activités serait filialisées. « En cas de crise ? Le message est clair : le contribuable paiera ! notaient *Les Échos* du 26 mars 2013. Alors que la loi allemande prévoit un passage à la casserole de tous les créanciers et des peines de prison pour les banquiers qui auraient mal géré les risques[1]. »

Alors que la loi allemande prévoit des peines de prison, la loi française continue à donner la garantie de l'État à ceux qui spéculent ! Et on va, encore, nous expliquer que ce sont des règles européennes qui nous empêchent de réguler la finance… Qui peut y croire ?

Donner la garantie de l'État aux banques d'affaires, c'est entériner un système pousse-au-crime. Comment justifier cette garantie ? Quelqu'un qui ouvre une boulangerie, un cabinet médical, un garage automobile ou une PME de mécanique n'a pas la garantie de l'État, alors que toutes ces activités sont bien plus utiles que la spéculation sur les marchés financiers. Sept ans après Lehman Brothers, comment justifier que le gouvernement français continue à faire courir des risques immenses à notre économie et à nos finances publiques pour assurer les arrières de quelques milliers de traders ?

En 2013, les lobbies bancaires ont gagné la partie, mais en 2015, vu l'importance des risques

---

1. L'analyse des *Échos* est excellente. On voit que le journaliste est lui-même scandalisé par la victoire des lobbies bancaires et par la façon dont les députés socialistes ont accepté sans réagir d'abdiquer sur une question pourtant fondamentale.

qui s'accumulent sur les marchés financiers, il est urgent de rétablir une séparation stricte entre banques de dépôt et banques d'affaires, pour qu'elles ne puissent plus spéculer avec l'épargne des ménages et ne bénéficient plus de la garantie de l'État. Sans cette garantie, elles seraient beaucoup plus prudentes : en cas de pertes, leurs actionnaires paieraient l'addition. Et, en cas de crise majeure, leur faillite n'aurait qu'un impact très limité sur l'économie réelle, alors qu'en l'état les conséquences seraient catastrophiques.

Une vraie séparation obligerait les banques à être au service des PME : si elles ne peuvent plus utiliser notre épargne pour des activités spéculatives, elles seront obligées d'investir dans les PME et dans l'économie réelle.

Quitte à voter une vraie loi bancaire, autant en finir avec l'irresponsabilité des financiers. Aux États-Unis, l'autorité de surveillance bancaire (FDIC) a décidé le 6 juillet 2011 que les dirigeants des plus grands établissements financiers américains pourront perdre rétroactivement leur rémunération en cas de faillite de leur entreprise. L'État pourra « récupérer la rémunération des dirigeants » qui auront été jugés « clairement responsables » de la faillite de leur société. Ces personnes pourront désormais se voir opposer un « critère de négligence » permettant de récupérer leur rémunération *a posteriori* lorsqu'elles n'auront pas fait preuve « des compétences et de l'attention que la prudence ordinaire exige de pareille fonction et dans des circonstances semblables ».

Cette règle est importante pour mettre fin à l'irresponsabilité des dirigeants. Il faut la mettre en œuvre dans notre pays en ne visant pas seulement les trois principaux dirigeants des établissements financiers (comme c'est le cas aux USA), mais l'ensemble des cadres dirigeants et des traders.

Séparer complètement les banques de dépôt et les banques d'affaires, c'est possible. En 1933, Roosevelt l'a fait en trois mois. Voilà une mesure très efficace pour protéger et muscler notre économie. Elle ne nécessite pas un euro de dépense publique. Seulement un peu de courage.

3

Protéger et renforcer les PME

Les PME et TPE (très petites entreprises de moins de dix salariés) représentent 50 % de l'emploi salarié en France. Dans un contexte de crise, alors que la mortalité des entreprises atteint un sommet (63 400 défaillances depuis un an), il faut tout faire pour les protéger et favoriser leur développement.

Au-delà des grands discours, les PME ont besoin de mesures très concrètes :

Renforcer la trésorerie

Beaucoup de petites entreprises souffrent des délais de paiement imposés par certains grands clients, qui jouent la montre en espérant que la PME va disparaître, ce qui leur évitera de payer leurs dettes.

Les délais de paiement atteignent leur plus haut niveau depuis dix ans

Seules 36 % des entreprises françaises voient leurs factures payées à l'heure[1]. [...]

Ces retards placent les PME dans des situations dramatiques, mais elles sont tétanisées à l'idée de réclamer les frais de relance prévus, de peur de perdre le marché suivant.

Pour l'économiste Jean-Hervé Lorenzi, il y a urgence à agir : « C'est le sujet économique numéro 1 de notre pays. En étant un peu efficace, on peut sauver des dizaines de milliers d'emplois. »

Denis Cosnard,
Le Monde, 16 septembre 2015

Il est de plus en plus question d'une garantie universelle de loyer[2], pourquoi ne pas donner aux PME une garantie universelle de paiement ? Si le travail est fait, si le contrat est rempli, l'entreprise doit être certaine d'être payée sous deux mois.

---

1. C'est deux fois moins qu'en Allemagne.
2. Dans la loi ALUR, la garantie de loyer reste facultative. C'est au propriétaire du bien loué de dire s'il accepte cette garantie ou s'il demande des garanties « individuelles » au locataire comme cela s'est toujours fait.

Une banque publique, la Caisse des dépôts, devrait être obligée de prendre en Dailly les factures dues aux PME depuis plus de deux mois[1] et de confier à ses services juridiques le recouvrement de ces créances. Pour éviter d'être face à l'une des banques les plus puissantes du pays et de payer des pénalités, les mauvais payeurs seront nettement plus respectueux des PME.

Des délais pour payer l'Urssaf

En 2009, une circulaire avait demandé aux organismes de recouvrement des cotisations sociales d'accepter plus facilement les délais de paiement en cas de difficulté. La même circulaire demandait à l'État le remboursement immédiat des créances fiscales (créances d'impôt ou crédit de TVA) dues aux entreprises. Pourquoi ne pas réactiver ces dispositifs ? Comment peut-on à la fois donner des dizaines de milliards sans aucune contrepartie à des grands groupes alors qu'ils dégagent des bénéfices importants, et ne rien faire pour aider les PME en difficulté ?

---

1. Prendre en Dailly : leur avancer l'argent à taux 0.

Réserver un tiers des commandes publiques aux PME

Aux États-Unis, une loi (le Small Business Act, voté le 30 juillet 1953) réserve entre 25 et 40 % des commandes publiques aux PME. Pourquoi ne pas faire de même en France et leur réserver un tiers des commandes publiques ? Cela donnerait aux PME une plus grande stabilité et une meilleure visibilité sur leur chiffre d'affaires.

Pour favoriser leur développement, Nouvelle Donne propose aussi de diminuer de 10 % l'impôt sur les bénéfices pour les PME qui investissent et ne distribuent pas de dividendes. Ce dispositif serait limité dans le temps (cinq ans maximum) et financé par un redéploiement des exonérations sans contreparties des 30 milliards du Pacte de responsabilité[1].

Protéger les salariés, protéger l'économie réelle de la prochaine crise financière, protéger les PME, c'est fondamental pour lutter contre la précarisation de notre société, le sentiment de délitement

---

1. L'investissement a encore chuté de 6,1 % dans les PME au 1er semestre 2015. Il est urgent de lutter contre leur mortalité et de donner les moyens d'investir à celles qui se développent.

général. Mais protéger ne suffit pas, il faut relancer l'activité et créer massivement des emplois. C'est l'objectif des deux dernières mesures de notre plan d'urgence.

4

Investir massivement
dans le logement pour créer
des emplois et faire baisser les loyers

Construire des logements

Est-il normal d'avoir supprimé 40 000 emplois
en un an dans le secteur du bâtiment alors qu'il
manque 800 000 logements en France et que le
niveau des loyers est tellement élevé (30 % plus
chers que la moyenne européenne, selon Eurostat) que près de 2 millions de ménages ont de
grandes difficultés pour les payer tous les mois ?

On en parle moins que des suppressions d'emplois dans l'industrie, car les plans sociaux dans
l'industrie sont souvent plus « impressionnants »,
mais, au total, le bâtiment est le secteur qui a
détruit le plus d'emplois en 2014 et durant le
premier semestre 2015.

« Vu notre démographie, pour sortir de la crise, il faut construire 500 000 nouveaux logements par an, pendant cinq ans au moins, dont 150 000 logements vraiment sociaux, explique le délégué général de la fondation Abbé Pierre, Patrick Doutreligne. 500 000 constructions chaque année. C'était un objectif partagé par presque tous les candidats à l'élection présidentielle en 2012. Mais on en est loin... »

Nouveau recul des mises en chantier de logements neufs

En juillet 2015, le cumul des mises en chantier sur 12 mois recule de 5,5 % sur un an, à 342 400 unités.

Les constructions diminuent pour le 25e mois consécutif. [...]

Les plus grosses diminutions sont à mettre à l'actif des logements groupés (-15,1 % par rapport à juillet 2014 en cumul sur douze mois). Les mises en chantier de résidences de services, à destination des personnes âgées, des étudiants ou des touristes, sont les seules à sortir leur épingle du jeu : elles progressent de 2,5 % sur un an, à 24 800 logements commencés.

AFP, 28 août 2015

En 2012, tous les candidats disaient que le logement était leur priorité et qu'ils allaient tout faire pour arriver à construire 500 000 nouveaux logements par an. Trois ans plus tard, force est de constater qu'on s'éloigne dramatiquement de l'objectif : d'un volume de 431 000 logements mis en chantier en 2011, on est tombé à 342 000 mises en chantier seulement sur les douze derniers mois...

Comment trouver les financements nécessaires pour relancer une vraie politique du logement ? Comment loger tous ceux qui en ont besoin ? Comment faire baisser les loyers du plus grand nombre ?

Pour faire baisser les loyers, il faut lutter contre la pénurie de logement : construire et rénover massivement. Comment faire sans augmenter les impôts ? En utilisant autrement des sommes déjà disponibles : en remettant dans l'économie réelle de l'argent qui va aujourd'hui sur les marchés financiers.

Aux Pays-Bas, une grande partie du Fonds de réserve pour les retraites (FRR) a depuis longtemps été investie dans la construction de logements. En France, l'essentiel de ce fonds[1] est actuellement placé sur les marchés financiers (ce qui n'a aucune utilité sociale) et risque de perdre beaucoup de sa valeur si une nouvelle crise éclate.

---

1. Les intérêts des placements du FRR, doté aujourd'hui de 37 milliards d'euros, doivent financer une partie des retraites à partir de 2020.

Aux Pays-Bas ont donc été construits beaucoup de logements : logement très social, logement social et logement intermédiaire. De ce fait, plus de 50 % du parc de logements est la propriété de syndicats ou de coopératives rattachées à des syndicats. Les logements ont, en moyenne, une surface un peu plus grande qu'en France et les loyers sont plus faibles, car ils ne sont pas fixés par les lois du marché, mais par la volonté des syndicats et des coopératives. Malgré cela, le dispositif est rentable, car, chaque mois, des milliers de personnes font un virement pour payer leur loyer. Certes, il n'y a aucune année où ce placement gagne + 15 %, comme c'est parfois le cas sur les marchés financiers, mais il n'y a pas non plus d'années avec des pertes de − 20 ou − 30 %, comme en 2008 (et 2016 ?). Globalement, investir dans le logement rapporte 2,5 % par an en moyenne.

Si l'on faisait de même en France, en utilisant les 37 milliards du FRR au lieu de les laisser sur les marchés financiers, on pourrait stimuler la construction de logements et créer massivement des emplois.

250 000 à 300 000 créations d'emplois

Si l'on croise les chiffres de la Fondation Abbé Pierre et ceux du patronat du bâtiment, on constate qu'une volonté politique de construire et rénover autant que nécessaire permettrait de mettre fin aux licenciements en cours (40 000 suppressions d'emplois en un an, rappelons-le) et de créer entre 250 000 et 300 000 emplois en trois ans.

Investir dans le logement est rentable, car, chaque mois, les locataires payent un loyer. Tous les calculs faits aux Pays-Bas ou en Allemagne montrent que, sur vingt-cinq ans, investir dans la construction de logements est aussi rentable et nettement plus sûr et plus juste que d'investir sur les marchés financiers, qui peuvent s'effondrer du jour au lendemain... De plus, en rééquilibrant le marché, une vraie politique du logement fait baisser les loyers de millions de locataires et distribue du pouvoir d'achat à des millions de ménages.

Faire baisser les loyers : 280 euros d'économie chaque mois

Les chiffres d'Eurostat montrent que le loyer moyen payé en Allemagne est de 8,4 euros par m^2

contre 12,4 euros en France (hors Paris et Nice !). Si les loyers tombaient en France au même niveau qu'en Allemagne, l'économie serait de 280 euros chaque mois pour un appartement de 70 m². 280 euros d'économies par mois ! Cette baisse de loyer bénéficierait à un quart d'entre nous : ceux qui ne sont ni dans un logement social ni propriétaire de leur logement.

**Le loyer moyen
en France et en Allemagne**

	Loyer moyen
Allemagne	8,4 euros/m²
France (hors Paris et Nice)	12,4 euros/m²

*Investir aussi 20 % de la collecte
des sociétés d'assurances*

Les 37 milliards du Fonds de réserve pour les retraites seront très utiles, mais ne suffiront pas. Nouvelle Donne demande aussi que soit modifié le Code des assurances pour obliger les sociétés d'assurances à investir 20 % de leur collecte annuelle dans la construction de logement. Ces règles existaient en France dans les années 1960 et 1970. Elles existent toujours dans d'autres pays, où l'on considère qu'investir dans la pierre est une bonne façon de sécuriser les fonds gérés par les assureurs.

Économiser 17 milliards chaque année

Investir massivement dans le logement devrait donc permettre de loger correctement le plus grand nombre, de créer des emplois et de faire baisser les loyers d'un quart de la population.

Cela devrait également amener des économies importantes pour l'État, qui distribue chaque année 17 milliards d'aides au logement. C'est un des non-sens de notre cher et vieux pays : comme les loyers sont très élevés, on donne des aides... qui vont dans la poche des propriétaires.

Si on s'attaquait enfin à la racine du problème, si on construisait massivement, en faisant baisser les loyers, on pourrait faire des économies considérables sur le budget de l'État.

Voilà donc une mesure qui ne coûte rien à l'État, mais qui peut rapporter gros à un grand nombre d'acteurs, dont l'État et nous autres, honnêtes contribuables.

5

Investir 1 000 milliards
pour sauver le climat

« Notre maison brûle et nous regardons ailleurs. » C'est avec cette formule choc que Jacques
Chirac avait entamé son discours lors du sommet
de la Terre de Johannesburg en 2002.

Treize ans plus tard, ce qui n'était qu'une
image est devenu réalité. Le dérèglement climatique provoque des incendies dramatiques dans
de nombreuses zones de la planète : en Californie,
les incendies de la fin de l'été ont détruit des
surfaces gigantesques.

**Incendies en Californie : 6 morts et 17 000 per-
sonnes évacuées**

Depuis le 1ᵉʳ juillet, les feux ont coûté 244 millions de dollars à la Californie. En 2013, la facture
s'était élevée à 240 millions pour l'année entière et,
en 2014, l'addition avait grimpé à 434 millions. […]

Le « Valley Fire » a été qualifié d'« incendie le plus destructeur de l'année ». Il a déjà ravagé à lui seul environ 30 000 hectares, soit trois fois la superficie de Paris, et a détruit au moins 585 maisons et des centaines d'autres structures.

Le Parisien, 18 septembre 2015

Cela fait plus de quatre ans que la Californie souffre de sécheresse et 30 feux géants ravageaient mi-septembre les États-Unis. Début 2015, le gouverneur avait même dû mettre en place un rationnement de l'eau.

Complètement à sec, la Californie rationne l'eau

Le gouverneur a signé mercredi un décret qui ordonne une réduction de 25 % de la consommation d'eau dans les neuf prochains mois. [...]

M. Brown avait déjà invoqué l'état d'urgence en janvier 2014 et appelé les habitants à réduire leur consommation de 20 %, mais le rationnement était jusqu'à présent volontaire.

Corine Lesnes, San Francisco,
Le Monde, 2 avril 2015

Où sont-ils, tous ceux qui, il y a dix ans encore, nous disaient que le dérèglement climatique n'était qu'une hypothèse et que, si l'hypothèse se vérifiait, on pouvait faire confiance aux progrès de la science pour éviter qu'il ait des conséquences désagréables ?

Une des zones les plus riches de la planète en est venue à rationner l'eau pour ses habitants et à se battre contre des incendies gigantesques[1] et meurtriers.

En Asie, la canicule a fait plus de 2 000 morts durant l'été 2015, en Inde et au Pakistan, deux pays qui sont pourtant habitués à des vagues de chaleur importantes.

L'année 2014 a été l'année la plus chaude depuis qu'on est capable de mesurer sérieusement la température du globe. Et les sept premiers mois de 2015 ont été encore plus chauds que les sept premiers mois de 2014...

La France n'est pas épargnée : nous nous souvenons tous de la canicule de 2003, qui avait provoqué 20 000 décès. Des milliers de Bretons se souviennent des inondations de février 2014. Des milliers de Basques aussi ont eu les pieds dans l'eau en février 2015. Depuis quelques années, les orages violents provoquent des dégâts de plus en plus importants.

---

1. « Au total, c'est une surface grande comme la région PACA qui a été détruite par les incendies de l'été 2015 », apprenait-on fin septembre.

Orages : deux morts, plusieurs blessés et des milliers de foyers privés d'électricité

Les habitants de Montauban (Tarn-et-Garonne) ont découvert, le 1er septembre 2015, leur ville ravagée par les orages.

AFP, 1er septembre 2015

Orage : Lodève sous les eaux, l'autoroute A75 effondrée et coupée pendant plusieurs semaines

De violents orages se sont abattus samedi soir puis dans la nuit sur le sud-est de la France, surtout dans l'Hérault où l'autoroute A75 à l'ouest de Montpellier a été coupée à la hauteur de la petite ville de Lodève.

AFP, 13 septembre 2015

C'est toutes les semaines ou presque, maintenant, qu'une de nos régions souffre d'un événement climatique extraordinaire. Le réchauffement s'aggrave et est en train de perturber tout le cycle de l'eau. Une étude publiée par Munich Re[1] indique que le

---

1. Munich Re est l'un des plus grands cabinets mondiaux de réassurance : quand des milliers d'Allemands ou de Français voient leurs maisons inondées et leur salon ou leur cuisine détruits par les eaux, ils se tournent vers leurs assureurs, qui, eux-mêmes, dans les cas de grandes catastrophes, se retournent vers leurs ré-assureurs. Munich Re a donc une bonne vision de toutes les grandes catastrophes qui s'abattent sur nos pays. Comme leur nombre a déjà triplé en trente ans, les sociétés d'assurances vont être obligées d'augmenter leurs tarifs.

nombre d'événements climatiques extraordinaires (grandes sécheresses, grandes inondations, typhons, tornades) a déjà triplé en trente ans.

Pour lutter contre le réchauffement en cours et éviter qu'il ne dépasse un seuil à partir duquel nous ne maîtriserons plus ses conséquences, il est urgent d'économiser l'énergie (« Économiser, économiser, économiser, c'est vraiment le message à marteler », insiste une amie climatologue) et de développer des énergies renouvelables pour arrêter de brûler le CO_2 que dame Nature a enfoui sous nos pieds : il faut laisser là où ils sont le plus possible de charbon et de pétrole.

Comment faire ? Comment faire pour financer le gigantesque chantier qui permettrait effectivement de réaliser assez d'économies d'énergie pour que la France et l'Europe tiennent leur engagement de diviser par quatre leur production de gaz à effet de serre d'ici 2050 ? C'est un objectif hyper-ambitieux, mais c'est le seul moyen d'éviter une catastrophe générale dans quelques décennies.

Comment faire ? Tout le monde a compris que le financement par une éventuelle écotaxe ne serait jamais suffisant : dans des pays où des dizaines de millions de citoyens ont du mal à payer les fins de mois, comment imaginer créer une écotaxe qui rapporterait des dizaines de milliards ?

Le problème est-il insoluble ? Non. Car, en janvier 2015, la Banque centrale européenne (BCE) a annoncé une décision historique, évoquée dans la première partie de ce livre : Mario Draghi, son président, a décidé de créer ex nihilo 1 200 milliards d'euros.

Que faire de ces 1 200 milliards ? C'est une question fondamentale et urgente. Pour le moment, Mario Draghi a décidé de les donner aux banques. S'il se tient à cette décision, ce serait catastrophique : alors que les marchés financiers sont déjà à des niveaux totalement excessifs, pousser les banques à spéculer plus encore en leur donnant des liquidités gratuites est suicidaire. En faisant cela, la BCE alimente et prépare la prochaine crise.

Nouvelle Donne demande que ces 1 200 milliards d'euros soient intégralement utilisés pour financer des travaux d'isolation des bâtiments et pour développer les énergies renouvelables. Nouvelle Donne demande que soit négocié un Traité européen qui garantirait pendant vingt ans à chaque pays membre un droit de tirage de 2 % de son PIB pour lutter contre le dérèglement climatique. Ainsi, la France aurait chaque année 40 milliards d'euros à taux 0 pour financer ce grand chantier, dont l'organisation concrète serait de la responsabilité des régions, au plus près des territoires.

Une économie de 800 ou 1 000 euros chaque année

Une étude de la Commission européenne affirme que chacun de nous pourrait économiser entre 800 et 1 000 euros par an sur ses dépenses de chauffage si nos domiciles étaient correctement isolés.

Une étude du CNRS indique qu'un tel investissement permettrait de créer 300 000 emplois.

La France doit proposer ce traité dès le prochain sommet européen. Il est possible que le consensus se fasse rapidement, car tous les pays ont les mêmes problèmes que nous pour financer leur transition énergétique et beaucoup s'inquiètent des effets pervers des 1 200 milliards d'euros donnés aux banques. Si certains lobbies bloquent la négociation, la France doit taper du poing sur la table et faire la politique de la chaise vide, comme le général de Gaulle en 1965.

« Nouvelle Donne a raison, affirmait Jean Jouzel, climatologue et prix Nobel de la paix, sur France Inter le 24 décembre 2014 : pour sauver les banques, en 2009, on a mis 1 000 milliards sur la table. Aujourd'hui, il faut mettre 1 000 milliards pour sauver le climat. »

L'Europe est-elle au service des banques et des marchés financiers, ou au service des peuples et de la petite planète qui les héberge et les nourrit ? « Nul ne peut servir deux maîtres à la fois », écrit le pape François dans l'encyclique consacrée à la sauvegarde de la planète[1]. Dans ce texte, il dénonce « la soumission de la politique aux technologies et aux pouvoirs financiers ». Il appelle à une « révolution de la sobriété » et « du dialogue » pour lutter contre la « mondialisation de l'indifférence ».

C'est bien d'une révolution que nous avons besoin, en effet, et non pas de la gestion tranquille de l'effondrement en cours. François, le pape de soixante-dix-huit ans, qui a choisi de vivre dans un modeste trois-pièces, refusant le luxe du Vatican, semble avoir nettement mieux compris la gravité de la situation et le besoin d'un changement radical, de notre système économique comme de nos modes de vie personnels, que le François qui vit à Paris dans un palais de 365 pièces et 11 200 m². Un François qui, début 2012, affirmait pourtant tous les soirs : « Le changement, c'est maintenant ! », mais qui depuis s'acharne à détruire l'idée même que le progrès social est encore possible.

---

1. *Laudato si'*, un très beau texte, publié en juin 2015.

Le 9 juin 2015, avec quelques dizaines d'amis de Nouvelle Donne, nous étions devant l'Assemblée nationale pour présenter le Plan d'urgence à tous les députés socialistes que nous avons pu rencontrer, dont Bruno Leroux, le président du groupe PS. Le service d'ordre de Manuel Valls nous a empêchés de lui parler[1]. Qu'à cela ne tienne, nous avons envoyé nos argumentaires à l'Élysée et à Matignon, et demandé à rencontrer le président et le Premier ministre pour en parler avec eux. En vain jusqu'à présent.

Pourtant, en acceptant de se laisser bousculer par la crise et de mettre en œuvre des solutions qui ne viennent pas de Bercy ni de Bruxelles, mais sont portées par un mouvement citoyen, le gouvernement montrerait qu'il est capable de se remettre en cause pour retrouver la confiance du peuple. En permettant la création de 500 000 emplois utiles et non délocalisables, il pourrait rompre avec la spirale dépressive dans laquelle s'enferme notre pays.

S'il était mis en œuvre dans sa globalité et *s'il était précédé d'un discours de vérité* sur l'état de notre pays et sur l'état du monde, ce plan d'urgence pourrait produire un changement important dans le « climat », puis dans la réalité quotidienne de tous nos territoires. Certes, il ne suffira pas à

---

1. De façon assez violente et donc assez ridicule, il faut bien l'avouer.

retisser tous les liens, abîmés depuis longtemps, entre les citoyens et ceux qui les dirigent, mais il peut permettre de « crever l'abcès » et d'éteindre l'incendie qui couve.

Depuis le mois de juin, nous avons fait connaître ces idées dans de nombreux forums, sur de nombreux médias[1], et nous avons pu constater que ces cinq réformes rassemblent très largement, bien au-delà du clivage droite-gauche[2]. Qu'est-ce qui empêche le gouvernement de les reprendre à son compte ?

Servir les banques ou servir les peuples ? Il est d'autant plus urgent de répondre clairement à cette question (répondre par des actes, et non par des discours) que l'arrivée massive de réfugiés va accroître encore les tensions qui déchirent notre pays, si nous ne sommes pas capables d'un sursaut très rapide en matière sociale.

Je me souviens de la fin des années 1970. J'étais au lycée. Nous vivions à Toulouse et nous avions accueilli trois boat-people à la maison pendant un

---

1. Cf. *Libération* du 8 juin 2015, « Les 4 vérités » sur France 2 le 16 juin, *Ouest-France* du 20 juin 2015, *Les Échos* du 26 juin, Forum chrétien de l'écologie à Saint-Étienne le 29 août, Positiv Forum au Havre le 17 septembre...

2. Voir par exemple comment les invités de Nicolas Doze, sur BFM, le 19 juin dernier, approuvaient une à une l'essentiel de nos cinq propositions en ne les critiquant qu'à la marge.

peu plus d'un an. La France avait accueilli plus de 130 000 de ces femmes et de ces hommes qui fuyaient l'horreur de la guerre au Vietnam. Notre pays était deux fois moins riche qu'il ne l'est aujourd'hui. En 2015, alors que notre richesse a doublé, il a fallu la photo terrible du petit Aylan, mort noyé en même temps que sa maman et son frère, alors qu'ils fuyaient la guerre en Syrie, pour que les dirigeants français acceptent enfin d'accueillir quelques milliers de réfugiés. « La France va accueillir 24 000 réfugiés en deux ans », annonce François Hollande. 12 000 par an. Soit 0,02 % de la population française.

Pourquoi ne pas en accueillir plus ? Pourquoi pas 130 000, comme en 1978 ? « Avec 5 millions de chômeurs, la France ne peut pas accueillir toute la misère du monde. Et puis, vu la crise du logement, on voit mal où on pourrait les mettre. C'est triste, mais il faut être réaliste », argumentent certains. La nullité du gouvernement sur les questions de chômage et de logement justifierait son manque d'humanité dans l'accueil des réfugiés ?

Parfois j'ai honte. Honte de l'image que nos dirigeants donnent de notre pays. Honte de ce que notre pays risque de devenir si nous continuons encore longtemps les mêmes politiques. Si les cinq mesures du Plan d'urgence sont mises en œuvre dans les prochains mois, si l'on met

37 milliards pour construire des logements[1], si on sécurise l'emploi et les PME, si la courbe du chômage s'inverse pour de vrai, l'accueil des réfugiés sera nettement plus facile. Et la République restera fidèle à ses valeurs.

---

1. « Les subventions accordées aux bailleurs sociaux pour construire de nouveaux logements, appelées "aides à la pierre", qui étaient de 500 millions d'euros en 2011, sont passées à 400 millions en 2014, avant de fondre, en 2015, à 80 millions seulement » rappelait *Le Monde* du 25 septembre 2015. Avec ou sans réfugiés, est-ce ainsi qu'on espère régler la crise du logement ? 80 millions seulement, alors qu'il y a 37 milliards dans le FRR...

Provoquer un sursaut

Samedi 19 septembre 2015

Un sondage donne Marine Le Pen gagnante aux élections régionales dans le Nord-Pas-de-Calais. Elle arriverait largement en tête au premier tour et gagnerait le second avec 39 % des voix, contre 29 % seulement pour la liste socialiste.

Quelle tristesse. Quel cauchemar. Le Nord-Pas-de-Calais, une terre ouvrière, une terre socialiste depuis toujours, serait la première région gagnée par le FN ? « Marine Le Pen devrait faire de cette victoire un tremplin pour 2017 », nous expliquent les politologues invités à commenter ce sondage. Superbe perspective !

Certes, ce n'est qu'un sondage. Certes, personne ne sait s'il y aura effectivement une triangulaire au second tour. Certes, le mode de scrutin de l'élection présidentielle est différent de celui des régionales... On peut trouver plein de raisons de relativiser ces résultats, mais qui peut sérieusement contester la gravité de la crise, dont la montée du FN est l'un des symptômes les plus inquiétants ?

Samedi 19 septembre encore

Au Japon, le Premier ministre Shinzō Abe impose la fin du pacifisme inscrit dans la Constitution de 1947 : son armée pourra prendre part à des conflits à l'étranger, pour la première fois depuis la Seconde Guerre mondiale[1]. Le vote au Sénat a été très houleux. Le Premier ministre « affirme qu'une évolution légale est nécessaire face aux menaces grandissantes venant de Chine et de Corée du Nord ».

Samedi 19 septembre toujours

À l'occasion des Journées du patrimoine, un Manuel Valls tout sourire explique à un enfant qu'il pense être président de la République « entre 2022 et 2032 ».

Notre pays s'effondre. Le chômage flambe. Le Front national, qui avait fait 26 % aux élections européennes de 2014 (« un séisme » disait-on),

---

1. AFP, 19 septembre 2015.

se rapproche des 40 %, mais le chef du gouvernement réfléchit à son plan de carrière pour 2022-2032... Mois après mois, presque semaine après semaine, nous voyons « monter les périls » et s'accroître les tensions, dans notre entreprise, dans notre ville, dans notre pays comme à travers le monde, mais nos dirigeants regardent ailleurs : s'imaginer à l'Élysée en 2022, c'est sans doute plus agréable que se coltiner les problèmes de Pôle Emploi en 2015.

Nous sommes une nation solide – le 11 janvier l'a montré –, mais la société française est inflammable, le moindre incident peut dégénérer et chambouler le paysage politique. Quel sera le score du FN en 2017 si le chômage continue à flamber et si des incidents liés à la présence de réfugiés peuvent être montés en épingle par l'extrême droite pour accélérer sa marche vers le pouvoir ?

« Notre maison brûle », et ils regardent ailleurs.

Lundi 21 septembre

François Hollande est allé au siège de France Télévisions pour voir en avant-première un film consacré à l'action de Roosevelt au moment de Pearl Harbor.

Pearl Harbor ? C'est une base navale américaine située dans l'État d'Hawaï, célèbre à cause de l'attaque aérienne surprise, lancée par le Japon, qu'elle a subie le 7 décembre 1941. Les dégâts furent considérables : 18 bateaux militaires démolis ou endommagés, 188 avions détruits et plus de 2 400 morts, civils et militaires.

Dès le lendemain, à midi trente, Roosevelt prononce un discours expliquant pourquoi les États-Unis doivent rompre avec leur politique isolationniste. En fin de journée, le Congrès vote l'entrée en guerre. Quelques jours plus tard, le président annonce les objectifs de production d'armes : 45 000 tanks, 60 000 avions, 20 000 missiles antiaériens et plusieurs milliers de navires de guerre. Il demande aux patrons de l'industrie américaine et à tous ses salariés de se retrousser les manches pour répondre au plus vite à ces besoins.

Les patrons de l'industrie viennent le voir à la Maison-Blanche pour lui signifier qu'ils partagent évidemment ses objectifs, mais qu'il sera très difficile de produire ces tanks et ces avions en même temps que les voitures qui sont le cœur de leur business : « *Il faut être réaliste.* » Roosevelt leur répond qu'ils n'ont pas bien compris : tant pis pour le business ; ils doivent investir toute leur énergie dans l'effort de guerre. Et tant pis s'ils ne produisent plus aucune voiture.

« Durant trois ans, entre février 1942 et fin 1944, presque aucune voiture n'a été produite aux

États-Unis, raconte Lester Brown[1]. Par contre, le pays a largement dépassé l'objectif initial de 60 000 avions en atteignant le chiffre ahurissant de 229 600 avions de chasse, une flotte difficilement imaginable aujourd'hui. De même, à la fin de la guerre, la marine militaire a atteint les 6 000 navires, dépassant ainsi la marine marchande. Une telle mobilisation de moyens en quelques mois démontre qu'un pays, voire peut-être même le monde, est capable de restructurer rapidement son économie s'il est convaincu de la nécessité du changement. »

Roosevelt s'est appuyé sur la partie la plus solide et la mieux organisée de l'économie américaine (l'industrie automobile) et l'a « tordue » pour la mettre au service du bien commun, qui, en 1942, était la lutte contre les armées nazies et les armées nippones.

En 2015, pourquoi ne pas faire preuve d'autant de volontarisme ? « Pearl Harbor a fait des milliers de morts, me direz-vous, heureusement on n'en est pas là. » C'est vrai, et c'est faux à la fois : certes, nous n'avons pas été attaqués par des dizaines d'avions. Certes, nous n'avons pas eu à déplorer près de 2 500 morts dans une seule journée. Heureusement !

---

1. *Plan B: Mobilizing to Save Civilization*, Lester Brown, 2009, W.W. Norton & Company.

Mais les dégâts colossaux que provoque la crise sont un poison qui lentement s'insinue dans toutes les parties du corps social. Certes, ce n'est pas Pearl Harbor, mais, depuis que François Hollande est président, le chômage a fait plus de 40 000 morts. Depuis que François Hollande est président, le dérèglement climatique a provoqué plusieurs milliards de dégâts en Europe et fait des dizaines de milliers de victimes à travers la planète. Et qui ne voit le chaos qui se prépare si le FN arrive un jour au pouvoir?

La loi Macron a été votée en quelques mois, la loi Renseignements en quelques semaines. Si le gouvernement le veut, notre plan d'urgence peut lui aussi être adopté très rapidement.

« *François Hollande, soyez Roosevelt !* » C'était le 20 janvier 2012. Stéphane Hessel était en débat à Nantes avec François Hollande, candidat à l'élection présidentielle. Le matin même, nous nous étions retrouvés chez Stéphane avec quelques amis pour créer le Collectif Roosevelt 2012, qui mettait en avant 15 solutions concrètes pour sortir de la crise.

À peine cette réunion finie, Stéphane Hessel sautait dans le TGV pour aller interpeller François Hollande devant plusieurs centaines de citoyens : « François Hollande, soyez Roosevelt ! Il vous faudra lutter contre les désirs d'apaisement, lutter contre les "Allons-y mollo" et les "Ne bousculons pas" [...]. Résistez. Plus vous serez radical dans les propositions que vous allez faire, plus vous aurez avec vous une large quantité de gens qui seront heureux que vous incarniez un vrai changement », concluait-il sous les applaudissements.

Soyez Roosevelt : un homme qui arrive au pouvoir en 1933 dans un pays sinistré par la crise, mais qui, en trois mois, fait adopter 15 réformes fondamentales et rend espoir à des millions de citoyens. Un homme plus très jeune et paralysé, mais qui parle à l'intelligence des citoyens et tient bon face aux lobbies financiers[1]. Un homme plus très jeune et paralysé qui, en 1941, est capable en quelques semaines de réorienter totalement la production industrielle de son pays pour la mettre au service du bien commun.

Soyez Roosevelt ! Soyez Mendès France ! Cet homme un peu seul qui, arrivant à Matignon, annonce qu'il démissionnera dans un mois s'il n'a pas fait la paix en Indochine. Tous les imbéciles ricanent : « La guerre dure depuis huit ans et ce petit juif prétend faire la paix en un mois ? » Un mois plus tard, jour pour jour, Mendès France signe la fin des hostilités.

---

1. « Être gouverné par l'argent organisé est plus dangereux que par le crime organisé », disait Roosevelt. Ce qui énervait parfois les lobbies bancaires...

Soyez de Gaulle, qui décide de faire la politique de la chaise vide pour obliger les autres chefs d'État européens à écouter ses demandes. Soyez Mitterrand et Kohl, qui, en 1989, lancent le chantier de la monnaie unique en un mois à peine...

Il n'y a aucune fatalité à l'impuissance politique. Aucune. C'est une question de courage et de volonté. Et si nos dirigeants sont incapables d'en faire preuve, à nous, tous ensemble, de prendre en main notre avenir.

« Les systèmes tiennent souvent plus longtemps qu'on ne le pense, mais ils finissent par s'effondrer plus vite qu'on ne l'imagine », disait Kenneth Rogoff. Nous sommes dans un instant où l'Histoire semble hésiter. Un moment où tous les gens honnêtes comprennent que le système est condamné, mais où il est encore possible d'agir, car l'effondrement n'a pas eu lieu. Certes, le FN est à 30 ou 39 %, mais pas encore à 49 ou 51. Certes, la Chine est tombée en récession et l'ensemble de l'économie mondiale va souffrir de cette récession, mais le gouvernement chinois a les moyens de limiter la casse, et la visite du président Xi Jinping aux États-Unis en septembre 2015, comme l'accord sur le climat qu'il avait signé un an plus tôt avec Barack Obama, montre qu'il n'est pas, aujourd'hui, dans une logique de rupture. Les démonstrations de force de l'armée chinoise sont très inquiétantes, mais la Chine ne dispose, aujourd'hui, que d'un seul porte-avions et ne sera pas prête à un vrai conflit avant encore cinq ou six ans. D'ici là, si l'Europe le décidait, elle aurait le moyen de peser sur les décisions économiques de la Chine, car elle est le premier client de ce pays.

« A priori, c'est foutu, mais on peut peut-être s'en sortir. Ça va être chaud, mais ça va passer. Si j'ai bien compris, c'est ça le résumé de votre intervention », me disait un des participants au Positiv Forum du Havre en septembre 2015. Oui, a priori, c'est mal parti, mais on n'a pas le droit de se résigner. Il faut agir par tous les moyens possibles pour provoquer un sursaut, une métamorphose, un accouchement.

Je me souviens de mon dernier cours d'histoire à Sciences Po, en avril 1989. Le plus grand spécialiste de l'Allemagne nous expliqua pendant deux heures pourquoi le mur de Berlin était là pour durer encore pendant cinquante ans. Au moins. Il en était persuadé. Et si l'on avait compté sur les partis au pouvoir à l'époque – aussi bien à l'Est qu'à l'Ouest –, le Mur serait encore là, sans aucun doute. C'est le peuple qui s'est réveillé et a créé la surprise.

« Le peuple s'est réveillé avec une rapidité bouleversante, écrit Vaclav Havel quelques jours après la chute du Mur. Il veillait. Il attendait le moment propice. Tous ceux qui n'avaient pas peur, tous ceux qui ne mentaient pas dans leur vie quotidienne ont apporté leur contribution. Chacun de nous peut changer le monde. Même s'il n'a aucun pouvoir, même s'il n'a pas "la moindre importance", chacun de nous peut changer le monde. »

En 1989, ce sont des gens « sans importance » qui ont changé le cours de l'Histoire. Des gens comme vous et moi, qui ont provoqué un sursaut de courage et de fraternité. Ce fut magnifique. Mais, à chaque fois que je cite ce texte, splendide, de Vaclav Havel, je pense à Hannah Arendt, qui explique que la barbarie a été possible en Europe durant la Seconde Guerre mondiale parce que des millions de gens « sans importance » avaient renoncé à vivre en conscience.

Quand la crise dure depuis trop longtemps, quand nos élites sont trop nulles, quand elles nous renvoient une image de nous-mêmes trop insupportable, quand toutes les semaines éclate un nouveau scandale qui alimente le « tous-pourris », quand nous sommes des millions en compétition pour le travail et le logement, quand le système (économique et politique) est tellement humiliant que mon cerveau reptilien me pousse à trouver quelqu'un à humilier pour me prouver que j'existe encore, alors il arrive qu'un peuple, pourtant parfaitement civilisé, renonce à ses valeurs et accepte l'inacceptable. C'est d'abord la banalisation du mal. Ça peut conduire à la barbarie.

Oui, notre peuple souffre. Et ceux qui nous dirigent semblent de plus en plus incapables d'entendre cette souffrance. Incapables d'y répondre.

Oui, c'est à nous de changer le monde. La politique, ce n'est pas la chasse gardée de Valls et de Hollande, de Sarkozy et de Juppé. La politique, c'est notre vie quotidienne. La vie et l'avenir de nos enfants : David, Paul, Rabi, Youssef, Brian, Emma, Julie, et tous les autres.

Voilà pourquoi, malgré toutes les déceptions et les échecs, nous ne pouvons pas baisser les bras. Et si Hollande et Valls sont incapables de dire la vérité, s'ils sont incapables de courage, si par leur inertie ils méritent d'être poursuivis pour non-assistance à peuple en danger, nous, citoyens, nous ne voulons pas que nos enfants ou notre conscience nous condamnent dans quelques années.

Nous ne pouvons pas baisser les bras. Alors que le modèle néolibéral menace ruine, c'est à nous, citoyens, de dire dans quelle société nous voulons vivre : une société plus juste, une société d'équilibre, d'innovation et de convivialité. Une société qui retrouve le goût de la fête.

Elle est à notre portée.

Remerciements

Tous mes remerciements à Miko Kontente, qui a réalisé les graphiques de ce livre.

Tous mes remerciements aussi à Sophie Charnavel et Pauline Bonvalet pour leur patience, leur gentillesse et leur efficacité.

Table

I. Inertie et langue de bois :
Allons-nous attendre
qu'il soit trop tard pour réagir ?

*Mardi 2 juin 2015 – Lundi 22 juin 2015 :
« Moi, mon action est très souterraine » – « Il
faudrait qu'il passe à l'action » – « J'en parle
au président et on se voit dimanche » – Sauver
l'Europe sociale – « La France se grandit toujours quand elle est à l'initiative de l'Europe »
– Mercredi 24 juin 2015 : 6 millions de chômeurs – « Il faut arrêter les rustines et s'attaquer
avec force à la racine des problèmes » – « Même
pour nous, c'est un mystère » – Vendredi 14 août
2015 : croissance : 0 – ministre : pas mieux –
Mardi 25 août 2015 : « Nuls. Totalement nuls
et nuls dans tous les domaines » – « Sapiens
sapiens ou couillon couillon ? » – 2022 ou 2015 ?*

II. Dire la vérité :
« Comme des somnambules,
nous marchons vers l'abîme »

III. Plan d'urgence

Cet ouvrage a été imprimé en France par
CPI
pour le compte des Éditions Fayard
en octobre 2015

Photocomposition Nord Compo à Villeneuve-d'Ascq

Fayard s'engage pour
l'environnement en réduisant
l'empreinte carbone de ses livres.
Celle de cet exemplaire est de :
0,400 kg éq. CO_2
PAPIER À BASE DE   Rendez-vous sur
FIBRES CERTIFIÉES   www.fayard-durable.fr

N° d'édition : 17-5702-1/01 - N° d'impression : 3012519